ある晴れた日の園庭で

続・うしろすがたが教えてくれた

清水玲子

かもがわ出版

はじめに

『うしろすがたが教えてくれた』の出版から三年と三か月が過ぎようとしています。ちょうどその期間、世界じゅうが新型コロナというこれまでに経験したことのないパンデミックに遭遇し、日本でもすべての人が感染と死の恐怖を味わい、多くの人が感染に苦しみました。そして、医療も十分に受けられずに亡くなる方が次々と出るなど、医療体制の脆弱性などもあきらかになり、命が大切にされているとはとても言えない日本の状況を浮き彫りにすることとなりました。

さらにそのさなか、二〇二二年の二月には、ウクライナにロシアが侵攻し、戦争をリアルな映像で日本の子どもたちも含めて世界じゅうの人が見ることになりました。世界各地で戦争は現在も続いています。この三年間にこんなにも人の命が直接世界じゅうで脅かされ、失うということが起こるとは思ってもみませんでした。

そんななかでも、子どもたちは生まれ、育ち、保育園は、子育てをしながら医療や生活を支える仕事に就いている人たちに働いてもらうためになくてはならないものとしてフルに保育し続けることを求められ、それに精いっぱい応えてきました。

感染のリスクを減らすために必要といわれたことはなんでもやり、保護者さえも園内に入れず、すべてを消毒し、子どもたち同士の接触も最小限にして大きな声を出さない、歌わない、遊具を減らす、なるべく離れて黙ってあそび、黙って食べる……子どもたちのあそびや気持ちを大事にしたい保育園の先生としては、こんなことをしていて子どもたちは大丈夫なのかと心を痛めることも数えきれないほどあったと思います。

それでも、子どもは毎日あそびを見つけます。友だちとも笑い合います。それらに励まされて、保育者は、どの一日もないがしろにしない保育を必死に模索し、そこからこれまでとは違ったさまざまな保育を作り出し、新しい経験もしてきました。

ようやく少しずつ子どももおとなも保育園でできることが増えてきはじめていた二〇二二年、夏には園の送迎バスのなかに置き忘れられ、閉じ込められた園児が熱中症で亡くなるといういたましい事故が起こりました。さらに秋には保育園で子どもに虐待をしたということで保育士が逮捕されるニュースが「不適切保育」ということばとともに、日本じゅうをかけめぐり、保育園で子どもが保育士にひどい扱いを受けているという報道が次々と出てきています。保育園の先生たちにとってはそれこそとんでもなくたいへんな三年間だったと思います。

筆者は、保育士を育てるという仕事のなかで保育を学びはじめてから四〇年以上、「福祉のひろば」という月刊誌に連載「育つ風景」を書きはじめてからでも二〇年以上、書ききれないほどの子どもたちのあふれる思いや屈託ない笑い声を、保育園で見たり聞いたりしてきました。同時に、教え子であったりもする保育園の先生たちの、子どもへのいとおしさはやまほどあっても、真面目に考えるほどうまくいかない苦しさ、ときには後悔、そして子どもとわかり合えたときのたまらないうれしさなども教えていただいてきました。

おかげで、どこまでも子どもたちに誠実でありたいと願い、悩み、がんばって、子どもを大切にする保育を一つひとつ自分たちで考えだし、実践で確かめてきた保育者たちが、全国の保育園にたくさんいることを筆者は知っています。日本の保育園は、条件の貧しいなかでも新しい発見を共有し、保護者ともつながり、そこで得た手応えの確かさに励まされて歩んできたのです。

現在の保育者たちの置かれた状況の困難は共同で解決を模索し、自分たちで打ち破っていくしかないのですが、戦後からの先輩たちもふくめてみんなで苦労して見出してきた子どもを大切にする道を、迷ったりぶつかったりしながらも毎日子どもから離れないで歩んでいけば、あとはきっと子どもたちがなにがよいかを教えてくれるでしょう。

そのような状況で、今回は前作と同じように筆者が見せていただいた子どもや保育者の大切な姿を描きながら、結果として、この特別な三年間のなかで、保育者たちがなにに悩み、どこに確信を持ち、どのようにがんばってきているかの姿を描くことになりました。

いま、保育園で日々子どもとともにいる先生たちの傍らにいていっしょに悩み、喜びたいと強く思った筆者の気持ちが出ている、これまでと少し違った一冊になっています。それもふくめてお読みになり、いっしょに考えていただけたらありがたいと思います。

なお、本書のほとんどは月刊誌「福祉のひろば」の連載として「育つ風景」と題して筆者が書いたものですが、「〃「不適切保育」のニュース〃について考える（その1）（その2）」については、私たち保育実践研究会が、なんどか研究会を開いて考え合い、話し合ったことをベースに、筆者として考えたことを原稿にし、自分たちで作った通信「今をたしかめ未来へ」第1号、第2号に掲載したものです。保育実践研究会に参加されたみなさんがかかわってこの文章ができあがっていることを述べておきたいと思います。

ある晴れた日の園庭で——続・うしろすがたが教えてくれた　もくじ

どんなときも子どもから出発する

嵐のなかで

いたずらの入るすきま

困難を切り開く鍵

装画　田之上尚子
装幀　土屋みづほ

ある晴れた日の園庭で——続・うしろすがたが教えてくれた

〔初出〕
「福祉のひろば」（総合社会福祉研究所）連載「育つ風景」二〇二〇年一月号〜二〇二三年五月号
「今をたしかめ未来へ」保育実践研究会通信　第1号・第2号
＊タイトルほか若干の修正をして収録しています

どんなときも子どもから出発する

Mちゃんの「いっぱーい」

給食を盛りつけるとき、先生が「Mちゃん、いっぱいがいい? それともちょっと?」と聞くと、Mちゃんは必ず「いっぱーい!」と答える。ある保育園の二歳児クラスの話である。

そのクラスでは、できるだけ自分で決めることができるように、給食の盛りつけをクラスで先生が子どもに聞きながらおこなうことを考えた。好きでないものは「ちょっとでい い」と言ってくれれば無理に一定量食べなさいとは言わないようにして、ほんとうに少しの盛りつけにしている。

以前は平均的に盛りつけていたものを「減らす?」と聞いて、食べる前に減らすことをしていたが、ほんとうはこれだけ食べるべきなのに、それが無理なら減らしてもいいというふうに聞こえる、とことばのかけ方を反省し、現在のように変えてきたそうだ。

ところが、Mちゃんはきらいな野菜も、先生が聞くと「野菜いっぱーい！」と答える。では、それを食べきるのかというと、いつまでもお皿に残り、最後は残したまま困っている（ように見える）。最後はもう片づけようね、と先生が実力行使（？）に乗り出しておしまいになる。ごはんやお肉のおかずは好きでわりあいよく食べるが、特別「いっぱい！」食べたりする子ではない。それでもおかわりをするとき、「いっぱい！」ほしいと言う。どうにか野菜のおかずを食べたときも、おかわりを要求し、しかも「いっぱーい！」と言って、食べきれなくなる。先生が、「いっぱいってこんなにたくさんだよ。こんなに食べられる？」と見せても、「いっぱい！」とゆずらない。

どうしてMちゃんはきらいなものまでおかわりしたり、せっかく選べるようにしているのに「いっぱい」と言うのかしら？　と先生たちは考え込んだ。そして、たくさん食べられることをいいと思っているのではないか、すべてをからっぽに平らげる食べ方をいいと思っているのではないか、ということが問題になっていった。

そういえば、お皿がピカピカになることをほめたりしていなかったかなあ、とだれかが言った。ちょっとだけよそったとき、おとなのなかには、減らしたのだからその分はきれいに食べてほしいという思いが出てくることが多い。そうすると、とにかくお皿が空っぽになることがよいことだ、ほめられることだ、と子どもはキャッチするのでは？

Rちゃんはきらいなものものもちゃんと入れてと言うが、ピカピカにこだわって、このあいだ野菜をテーブルの下に落としていた、という姿もあり、おとなの思いを汲み、ピカピカをほめられたい子はそうした行動をとるようにもなるんだね、と話は進んでいく。

でも、それならMちゃんは、なぜきらいなものを「いっぱーい！」と言って、ますますピカピカにできず、困難になる道を選ぶのだろうか？

「私はこの保育園に異動してきて、二歳児に盛りつけの量をはじめから選ばせているのに正直びっくりした」と一人の先生が言い出した。四歳児クラスの担任の先生がつづけて、うちでもようやく自分の食べられる量とか、少しわかってきたかもしれないので、二歳児クラスのMちゃんには、自分の適量を聞くのはむずかしいのではないかしら？　おとなが同じ量を盛りつけて食べ切らせようとするより、子どもにとってはいいとずっと思うけれど、先生がわかっているなら、「はい、いっぱいね」と先生の裁量でちょっとだけ盛りつけたりするのはダメなのかな、と言った。だれかが、二歳児って、「いっぱい」が好きだよね、おまけにたくさん食べることがいいことだとおとなを見ていて思っているかもしれない。どっちかと聞かれたら、迷わず「いっぱい」を選択したりはしないかしら？

Mちゃんのことは、そんなことも考えながら引き続き見ていこう、ピカピカについては先生たちが実際の食事場面でどう対応しているか考えてみよう、となった。おかげで保育の話がたくさんできた。Mちゃんに感謝！

年長組はつらいよ

保育園の年長さんは、多くの保育園では行事に追われる一年になることが多い。とくに運動会や劇の発表会となると、保護者が観に来ることが大きく影響しているのか、年長さんへのプレッシャーはなかなか大きいものになるようだ。そして「年下の子どもたちのあこがれになっていることを忘れないように」、とも言われる。

行事もほかの保育も、子どもたち自身が選んだり決めたりしていけるようにしたい、と多くの保育者は考えている。しかし、たとえばとび箱とか竹馬とか棒のぼり、鉄棒など、運動会にふさわしいといわれている種目から子どもたちが選んで披露することを決めても、年長さんだと、本人が選んだ課題では竹馬の高さが足りないとか、とび箱の段が低いなど、五歳にはやさしすぎるのでそれではダメ、というチェックがはいってしまったりすることが結構あるという。理由は、それでは保護者は納得しないだろうということと、ここまで成長したという精いっぱいできる姿を見せることで本人も達成感を得るのだから、できなかったことに挑戦してできるようになることが大切だ、ということのようである。

ある保育園で、竹馬を全員でやることになったのだが、とうぜん高い竹馬にひょいひょい乗れる子と、竹馬自体に乗れない子がいる。乗れない子に必死に練習をさせてやっと乗れるようになったが、高いものはとても無理だった。できる子とできない子との差がひと目でわかってしまうことを避けたいと思った担任の先生が、高さをあまり高くないところにそろえて、運動会当日は全員が乗れてよかったと思っていた。でも、保護者の一部から、自分の子はもっとずっと高いのに乗れるのに、なぜあんなに低い竹馬の演技をしたのか、という声が出て、先生たちはなんだかがっかりしてしまったということである。

運動会はそもそもどんなことを大事にしたい行事なのか、そこが明確にしきれなかったため、保護者にもそのことの理解が得られていなかったのだろうと思うできごとだった。

もうすぐ卒園という時期に、年長クラスが劇を見せる園も多い。ここでも、運動会と似たようなことが起こっている。

ある年長クラスは、歌やダンスはみんな大好きでよいのだが、劇はうまくいかない。というより、やりたくない、という子が複数いるのだ。劇ごっこであそんでいるときは、だれもやらない役は先生がやってもいいし、みんなで役を交代しながらストーリーもみんなで考えて楽しんだ。しかし、いざ発表会にむけて、となった瞬間に、観客におしりむけてはダメでしょとか、声がちいさくて聞こえないとか、ダメ出しを受け、あと一週間しかないからと毎日複数回の練習がはじまり、終わるたびに改善点を言われることがつづく。

子どもたちは毎回、足りないところを言われて直すように指導されることに嫌気がさしてしまい、担任の先生が「あと二日で本番だからがんばろう」と言ったら、もうあそびたいと不満げな声があがったという。先生は思わず「きみたちの気持ちはよくわかるよ。でもあと二日がんばったらあそべるからね」と言ったそうである。別の園の五歳児の担任の先生が、「お楽しみ会はお苦しみ会」と言って、こんな行事なければいいのにと思ったと話していた。この担任の先生も、きっと同じ気持ちだったのではないだろうか。こんなふうにおこなう行事っていったいなんだろうか。

自分たちで決めて自分たちでやっていくという基本を示しておきながら、いともかんたんにやぶってしまうおとなを、子どもたちはどう思っているだろう。子どもの「できる・できない」がおとなの評価にもつながってしまうことに右往左往しているおとなたちに、しょうがないなあ、年長はつらいよ、と言いながら子どものほうがつきあってくれているのではないかと思ってしまう。

おとなのことばの威力

ある保育園で、ゼロ歳児クラスの先生が話してくれたことである。

ゼロ歳児クラスで一歳のお誕生を過ぎたYちゃんが柵のあたりでつかまって立っていると、ちょっとだけ大きい一、二歳児クラスのお兄ちゃんお姉ちゃんがかわいがりたくて寄ってきてくれる。

そして、頭をなでたりしてくれるのだが、本人は、はじめはうれしそうにしていたりもするが、触られるのがイヤなときもあって、その手を払ったりするようになってきた。

そしてある日、濃厚接触（？）を迫ってきた二歳の子を噛んだのである。まだ前歯上下で四本しか生えていないが、それでもしっかり噛めた（！）という。おかげで二歳の子はもちろん大泣きし、噛んだYちゃんも泣き、歯の痕もくっきり残って先生たちはあわてた。

翌日、また、柵のところに前の日とは違う二歳の子が頭をなでにきた。先生は、前の日のことがあったため、その場面で二歳の子に「Yちゃん噛むから気をつけて」と言った。Yちゃんはそれを聞いてもわからないだろうと考えていたので、あまり気にしないで二歳児さんに注意喚起したのだ。

ところが、Yちゃんはたしかに気にしていなかったようだが、二歳の子はそれを聞いてあわててうしろに下がり、ほかの子どもたちが近づくと「Yちゃんは噛むから近寄っちゃダメだよ」と注意した。その後、ホールでゼロ、一、二歳児たちが混ざって自由にあそぶときになると、二歳児たちはあの子は噛むから、といっしょにあそぼうと近づく子たちに次々と伝えていき、なぜか一、二歳児やもっと大きい子どもたちへも伝わっていった。Yちゃんが近づくと「こないで~」という子や「かまないで!」という子がでてきたのだ。Yちゃんは悲しそうに、そんなことを言う子どもたちに向かっていこうとした。

先生はそれを見てハッとし、あわててみんなに「でもYちゃんはみんなのことが大好きなんだよ、こないで、とか言われたら悲しいよ、そんなこと言わないで」と言った。

また、別の先生の話だが、一歳児の子どもたちと「リズム」をしていて、先生が「A

ちゃん、トンボはやくとべていたね」（トンボのめがねの曲にあわせて両手を広げて走るリズム）と言ったとたん、BちゃんがAちゃんをたたきに行った。先生はすぐには理由がわからず、えっと思ったが、次のリズムのとき、Bちゃんがものすごいはやさでトンボになって走るのを見て、先生がそんなつもりもなく言った「Aちゃんはやいね」ということばが、Bちゃんにショックを与えていたことがわかったという。もちろん、みんながそうなったわけではない。マイペースに楽しんでいる子もいるし、ただなんとなくウロウロしている子もいる一歳児クラスである。

でも、AちゃんとBちゃんは二歳をすぎた女の子で、クラスでもいろいろ理解がはやく、あそびをリードすることもある。二人はこのごろいつもいっしょにあそんでいる。仲良しなのだと思うが、どちらも主張がしっかりできてゆずらない。そしてBちゃんには最近弟が生まれて、おうちの人にはしっかりしたお姉さんだねと言われ、甘えたい気持ちはすごくあるだろうに、素直に出せていないところがあるらしい。だから、大好きな先生が友だちをほめたのがたまらなく気になってしまうのだろう。

先生たちは二人とも、とても反省したと話してくれた。子どもたちは、おとなが言うことにこんなにも敏感に、そして素直に反応するものだということをあらためて知ったという。

子どもがどう思うか、などとそれほど考えずに言ったことでも、子どもにとっては聞き流せないことだし、信頼しているおとなの言うことの力は絶大なものがあるのだ。保育者の責任は大きいのだとあらためて思ったという。ほんとうに保育園の先生ってたいへんだなと思う。

保育園で子どもが学んでいること

ある保育園の先生がこんな話をしてくれた。その園は自然ゆたかな住宅地にあり、その地域にはヘビやアライグマなどもいるという。

あるとき、虫探しをしていた四歳児クラスのRくんが突然、「いたーい！」と大泣きになった。原因は「イラガ」というガの幼虫で、刺されるとまるで注射を数本同時に打たれたように痛い、とその先生は言う。ビリッとくる衝撃の痛さから「電気虫」とも呼ばれている要注意の毛虫らしい。さいわいすぐに毒針をとったため、大事には至らなかったが、Rくんにとっても同じ四歳児クラスの子どもたちにとっても大事件だった。

その後、そのクラスの子どもたちは木にこのイラガの幼虫を見つけると急いで教えてくれて、触らないように気をつけていた。寒くなって毛虫も見られなくなった一一月、年長組の女子たち二人が、「先生〜、Rくんを刺した毛虫の名前がわかったよー、ヒロヘリアオイラガっていうんだよ！」と言ってきた。見にいくと、年長組にあった毛虫の図鑑のページを開いてイラガのところを見せながら「ほらー、あるでしょう！」と誇らしそうな二人。いくつもある幼虫のなかから、背中に青いライン、つのはオレンジの、Rくんが刺された毛虫を探し出していたのだ。四歳も五歳も盛りあがった。

虫探しは多くの子どもの大好きなあそびである。一、二歳でもアリやダンゴムシをつかもうとしゃがんで地面を探し、もうすこし大きくなるとチョウやバッタを追いかけて雑草のなかをかけまわる。そうした毎日のなかで起こった「痛い！」という大事件は、クラスを越えて子どもたちの興味の対象となり、指導したりしなくても調べたい子どもたちの材料になっていく。毛虫には毒針を飛ばすものもいる。触らなくても刺されることもあるんだって、など、お互いの体験を共有することで生きた学びは確実にゆたかになっていく。

もうひとつ、別の保育園の園長先生からこんな話を教えていただいた。その園では、子どもたちがふらっと職員室に来て、しばらくあそんでいったり、事務室の先生とおしゃべりしたりすることをふつうに受け入れている。

二歳のAくんは昼ご飯のあと、職員室に顔を出すのが日課となっていた。ある日、いつもは開いている職員室の戸が閉まっていた。Ａくんはおやっと思ったのだろうが、自分で開けて入ろうとした。「ごめんね、Ａくん。いま、お客さんがきているのであとでね」と言われ、わーっと泣いて、結局、担任の先生が迎えに来て自分の保育室に泣きながらもどっていった。その日の夕方、Ａくんがやってきて「もうはいっていい？」と開いている戸のところから確かめるように聞いた。

何日か経ったころ、またお客さんがきて職員室の戸を閉めていたとき、トントンと戸をたたく音がして、戸の向こう側で「おきゃくさんかえったらはいっていい？」と聞くＡくんの声がした。むやみに戸は開けたりは、もうしないのだ。

こんなふうに、いつもは入れる職員室も、ときには入れないこともあるのだと経験し、それを知ったときは受け入れがたかったけれど、ていねいな説明と、お客さんがいなくなったら、またいつものように入れるのだとわかることで、Ａくんは納得し、だからちゃんとがまんした。

その園長先生は、「毎日の保育園の暮らしのなかで、自分の要求を出しながら、叶《かな》えられないこともあるけれど、すぐでなくても叶えられるとわかると『がまん』する力が育っていくのだな、と思った場面でした」とレポートに書いている。

保育園は暮らしのなかで学ぶ、とよく言われるけれど、おとなが「教える」ためにわざわざがまんをさせるといったことではない。暮らしのなかにあるさまざまなことの必然性を、ていねいに説明しながらおとなもいっしょに体験していくことが、子どもにとって私たちの想定を超えた大きな学びになっているということなのだと思う。学びつづけるちいさな人たちのけなげさがいとおしい。

子どもの思いがわかった瞬間

一歳のDちゃんは鼻を拭かれるのが大きらいだ。ある日、Dちゃんの鼻水が出ていることに気づいた先生が、そばに行き「Dちゃん、鼻が出ているよ」と声をかけた。Dちゃんは知らん顔をしているが、先生がティッシュペーパーで拭こうとして近づくと逃げてしまう。

そのうち口元まで垂れてきて手で拭きながらあそんでいるので、近くまで行ってティッシュで拭くが動いて拭ききれない。「自分で拭こうか?」とティッシュを差し出すと、Dちゃんはそれを受け取って鼻にもっていくが、なぞっただけで拭けていない。先生は「自分で拭けてえらいねえ」と言って「まだついているからもう一度拭こう」とティッシュを近づけると、後ずさりする。

また垂れてきたので「鼻……」と言いかけると「いや」と逃げていく。先生に追いつかれると顔をいやいやと左右に振り、いやがって泣き出した。先生は、これは実力行使しかないと思い「ごめんね、拭かせて」と顔を押さえて鼻水を拭いた。拭いた後は泣き止んであそびつづける。

この日はなんども鼻水が出るが、声をかけたりティッシュを見ただけでいやがって逃げ、泣いているDちゃんを抱っこして鼻を拭くといったことをくり返した。

先生は、こんなにいやがり、泣いてしまう状況を打開したくて、どうしたらDちゃんがスムーズに鼻水を拭かせてくれるか考えて、ひとつの試みを思いついたそうだ。翌日、やはり鼻水の出ているDちゃんに声をかけると、逃げていこうとするので、「鏡を見に行こう」と誘い、いっしょに鏡を見た。

「Dちゃんいたね！」と鏡のなかを指さすとDちゃんはじぃーっとのぞき込んでいる。先生が鼻の下を指さして「鼻、ばっちい」というと、Dちゃんはにやりとしてさらに見ている。「自分で拭く?」と言うとうなずいたのでティッシュを渡し、自分で鏡を見ながら拭いた。「拭けたね、まだあるから拭いてもいい?」と聞くとじっとしていたのできれいに拭き取る。「きれいになったね〜」と言われて笑顔になり、そのあとは「鼻出たよ」と言われてもいやがらずに拭いてもらうようになったという。

「きっとDちゃんは、鼻水が出ている、それを拭く、というのがどんなことなのかわからなかったから、押さえられたりティッシュが顔に近づいてくるのが怖かったりしたのかもしれない、自分の鼻は見えないもの。もっとはやくわかってあげればよかった」とこの先生は言う。

別の園の一歳児クラスで、ある日午睡から起きたとき、いつものように一人ずつオムツを替えたりトイレに連れて行ったりしていた。Mちゃんはたくさんおしっこが出ていたのでオムツを替えて手を洗い、おやつのテーブルにつくように促した。

ところがMちゃんはそこから動かず、急に泣き出した。「眠かったのかな?」などと声をかけたが、ほかの子がおやつを食べはじめても泣いていたので、しばらく抱っこして落ち着くのを待った。すると、Mちゃんが泣きながらちいさい声で「トイレ……」と言った。

先生が「トイレに行きたかったの?」と言うと強く頷《うなず》いたので、トイレに連れていく。Mちゃんは笑顔になってトイレに行き、便器に座る。絞り出すように一滴おしっこが出て、「でたーっ!」と大よろこび。先生もいっしょに「出たねー」とよろこんだ。

ほかの子がトイレに座っているのに、自分はそうさせてもらえず、やりたい、とも言えないけれど次の行動にも踏み切れず、Mちゃんは泣くしかなかったのだろうと思い、この先生も、Dちゃんの先生と同じくすぐに思いに気づけなかったことを反省している。

Dちゃんも M ちゃんも、思いはすごくあるが、おとながなかなかそれに気づいてくれないなかで、泣くことで気持ちを表した。それを、勝手に解釈したり、子どもはすぐ泣くものと片づけたりしないで気持ちを探しつづけ、とうとう見出したよろこびは、わかってもらえた子どものうれしさと重なっておたがいを最高にしあわせにするのだなあ、とこの人たちからあらためて教えてもらった。

子どもの側に立つことを あらためて教えてくれる子どもたち

ある園長先生から何年も前に卒園したBちゃんの話を聞いた。ご了解を得たのでみなさんに紹介したい。

Bちゃんは入園していて途中で引っ越したが、電車で通いつづけてきた子だった。荒々しいことばや行動で、よく会議でも話題になっていたという。あるとき、その電車内で「くさいしり向けるんじゃねえ！」と前にいるおとなに向かって叫び、保護者の方はいたたまれず途中下車を余儀なくされたこともあったそうだ。

その園長先生は、Bちゃんが乳児の頃から、抱っこしてもしっくりこない、くすぐるといやがるといった姿が気になっていたという。Bちゃんのおとうさんはきびしい人で、一歳のときから保育士にきちんとあいさつしなさいと求める人だった。Bちゃんはおとなに対しての信頼感や安心感が少ないなと感じていたので、園長先生はことあるごとに抱っこしたり、くすぐったりしていた。でも、Bちゃんはくすぐられるのがいやで、わらべうたあそびなどはやりたがらなかった。

ところが、「ラーメン、ソーメン、冷ソーメン」というわらべうたで、最後に「店ですか？　奥ですか？」と相手に聞き、「奥です」と言うとわきの下をくすぐるけれど、「店です」と答えると「いらっしゃいませ」とお辞儀をするだけで、くすぐったりしないのが気に入って、「店です」を選び、何度も何度もやりたがったという（このわらべうたは一般的には、「にゅうめん、そうめん、ひやそうめん」というもので、店ですか？　奥ですか？　という選択肢があるのは同じだが、「店です」というと相手の手のひらをくすぐり、「奥です」というとわきの下をくすぐるというくすぐりあそびであるらしい）。

Bちゃんに請われるままに何度もこの手あそびをくり返していたある日、Bちゃんが初めて「奥です！」と言ったのだそうだ。くすぐられることに身構えながら、それでもうれしそうに自分からくすぐられることを選択したのだ。そして、その日から、くすぐられるのも楽しめるようになったという。

また、別の園の先生から教えていただいた話だが、一歳児クラスで給食のとき、「センセー、シネー」と言って、自分の前のお皿を手で払った子がいたという。そのとき、その子は虫歯がいっぱいで、食べられるものがあまりなく、顔に湿疹がたくさん出ている状態だったそうである。三歳でふたたび担任になるが、すべてにやる気がないというか、座り込んで動かない状態のため、手をつないだり、抱っこしたり、靴を履かせたり、手を洗ってタオルで拭いてあげたり、という一年を過ごしたそうだ。四歳児クラスになり、この先生にはだいぶ気持ちを開いてきたようだが、アレルギーときらいな食べ物が多いことで、給食ではいまも苦戦しているらしい。

この子のことを教えてくれた先生は、「この子はずっとアレルギーや便秘や、からだがかゆいということがあるなかで育ってきていて、ちいさくて自分でどうにもできないけれど、イライラしたり不安がいっぱいだったのだろうな、『センセー、シネー！』くらい言いたくなるよね」と話している。

子どもが、おとなが思わずムッとしてしまうようなことばを言うとき、その子の立場になってみれば、そうも言いたくなりそうな理由がきっとある。はじめのBちゃんについては、その園長先生は、毎日超満員の電車に乗って登園するとき、子どもの背丈を考えると、目の前がおとなのおしりばかりだったら、叫びたくなる気持ちもわかるような気がするとおっしゃっていた。

Bちゃんが自分から選んでくすぐってもらうことができて、おとなとの安心できるふれあいによろこびを見出したように、おとなは、こうしたことばを吐き出すことでなにかに必死に耐えているかもしれない子どもの気持ちを見つめ、そのなにかをわかちあう努力をしなくてはならない。本気で向き合ったとき、きっと子どもたちは多くのことを私たちに教えてくれる。

ぶっつけ本番

あるベテランのY先生がこんな話を書いている。

その保育園の今年の夏祭りは、通しの練習を一回しかできないまま当日を迎え、保護者の前で年長の子どもたちが民舞の荒馬を披露した。途中、Hくんがとつぜん、笛を吹くO先生に「ちょっと待って、靴の中に石が入ったからまだおしまいにしないで」と頼みに行き、そこで靴を脱ぎ、中の石を取りはじめた。笛のO先生も太鼓のK先生も音を絶やさず待っていると、Hくんは石を取りのぞいて靴を履き、またみんなで荒馬をつづけ、楽しい雰囲気で終えたそうだ。

練習を重ねた後だったらHくんも言い出しにくかったかもしれないし、保育者も「しっかりやらなきゃ」と考え、柔軟に対応できなかったかもしれない。「ぶっつけ本番だから仕方ないな」という気持ちがあったことで、おとなにも子どもにもいい意味で肩の力が抜けて、気持ちが楽になるのに役立ったのではないか、とY先生は言う。子どもたちはこの日、とても楽しそうに生き生きしていたし、会場全体の雰囲気がとてもあたたかかったのだそうだ。Y先生は、すべて「ぶっつけ」がよいわけではないとしながらも、「私たち保育者も、『子どもたちが困らないように』とついつい練習を重ねてしまい、『見た目』だけはよくしてしまいがちなところがあると思います」と「ぶっつけ本番」の思わぬ効果を知った経験を書いている。Y先生の語る子どもの姿はいつも自然で新鮮だ。

　この話を読んで、昨年秋に聞いた別の保育園の運動会のリハーサルの話を思い出した。新型コロナ禍でおとなの参加の人数制限もあり、来てもらったおとなもいっしょに楽しんでもらえる企画を考えた。近くの公園を借りての運動会である。リハーサルが終わって園に帰ろうとしたら、三歳のTくんがまだ帰らん！　と怒っている。聞いてみると、まだクッキー競争してないじゃん！　ここがいちばんの楽しみだったのに、そこは省いて、なにが帰ろーだ！　という感じだった。その先生から承諾をいただいたのでメールを少し引用する。「……笑えたんですが、では〝うそんこ〟でやる？　と聞いたら、うそんこなんていやだ！　ほんものがいい！　と。よし。じゃー、お昼寝したら、ホールでやろう！

と提案してみました」もちろんTくんはOKした。

でも給食の先生が焼いてくれるクッキーは当日だけなので、ゼリーかせんべいどっちがいい？　と聞くと、どっちもがいい！　という。お昼寝のあいだに、先生たちがゼリーとせんべいを買いに走り、それをセットにして、せんべいゼリー取り競争をホールでやった。どのクラスも参加したので、ヨーイドン！　をなんどもなんどもやり、やれない子がいるといっしょにとったろかー、とお世話焼きの子もあらわれ、盛りあがったリハーサルだったという。

いっぽうで、午前のリハーサルで、五歳児のSちゃんはドキドキして公園に入れず入り口で固まってしまい、同じ五歳のKちゃんと先生が手をつないでくれても動けず、Kちゃんがポケットに入れていた、おまもりと書いた紙をSちゃんに貸してあげてようやく動ける、といった姿もあったという。Kちゃんも、リハーサルの前日、リレーのときに泣けてきて走れなかったらしい。それだけにKちゃんにはSちゃんの気持ちがよくわかったのだろう。

リハーサルだからということも、楽しむ会にしようということも、おとなの「つもり」であって、それぞれの子どもにとってはある意味いやおうなしに、参加を期待される場面に遭遇し、そのときそのときの気持ちの揺れのなかで「本番」を生きている。楽しみにしていたのに、リハーサルであっても「クッキー取り競争」と銘打っていながらクッキーなしなんて、子どもには認めがたいことなのは言われてみれば納得である。子どもはいつでも「ぶっつけ本番」なのだ。

それにしても、Tくんの抗議をもっともだと受け入れて、お菓子を買いに走り、その日のうちに競争をやり直すこの保育園のおとなたちの、想定外になじむ(!?)力には感服する。なんど想像しても、この子どもたちもおとなたちも、なぜかたまらなくいとおしい。

思いがけない涙のわけ

四〇年間保育士として働きつづけてこられたA先生に、貴重なお話をうかがった。その年、五歳児クラスの担任になったA先生は、子どもたちの一年間が楽しく充実したものになるようにと、毎日鬼ごっこなどで思い切りあそび、夏にはプール、秋には運動会などで充実した毎日を送り、子どもたちも成長したと感じていた。

Bくんは、五月生まれでかけっこもはやいし、虫を見つけると図鑑で調べて読めない文字を聞きに来るといった、なんでもできて好奇心も強く友だちにもやさしい子だった。そのBくんが、運動会が終わったころから週に二、三回、泣きながら登園するようになった。何度聞いても本人はなにも言わないし、おかあさんもなぜかわからないと言う。活動がはじまればいつものBくんにもどって活発になるが、お昼近くなるとまた泣く。でも毎日泣くわけではない。A先生は心配だったが、元気な姿も見られるのでようすを見ていた。

二か月がすぎた一二月、ほかの園の年長クラスとドッジボールの対抗戦があった。Bくんは楽しみにしていて、毎日、パスをうまくまわすように友だちに指示をしたりして張り切っていた。ところが当日の朝、泣いて登園したのである。試合への緊張があるのかと「試合したくないの？」と聞くと首を横に振る。グラウンドに向かう道でも涙がとまらず、涙を拭くTシャツの襟首はよれよれになってしまう。手をつなぐ友だちも困ってようすを見るばかりだった。

それでも試合がはじまれば大活躍で、Bくんのチームの圧勝。よろこびあって帰ろうとすると、また涙。A先生は、このままでは帰れないと思ったという。途中の広場でBくんに、みんなもずっと気にしている、ドッジボールに勝ってもこれではうれしくない、涙のわけを教えてほしい、と静かに話した。ほかの子どもたちも一心に見守っていたらしい。

すると、Bくんがボソッと「シイタケがきらい」と言ったのだ。A先生は「ええー、そんなこと！」と力が抜けそうになった。「なんだあ、どこか痛いのかと思ったよ」とBくんと仲のいい子が安心したように言い、そのひと言にクラスの子どもたちも「ああ、よかった」と口々に言った。「いつからシイタケきらいだったの？」と聞くA先生に、「ばらさん（四歳児クラス）のときから」とBくん。「そんなに我慢してたのか。きらいなら食べなくていいよ。大きくなってからおいしくなることもあるから」とA先生。少しほっとして園にもどると、給食当番の友だちが配慮して減らしてくれた。お迎えのときおかあさんに話すと、家では少なくして、とは言ったが食べるし、泣くほどきらいとは知らなかった、とのことだった。

Bくんは、文字が読めるようになり、献立表に「シイタケ」を見つけ出しては心を痛めていたようだ。あいにく（？）、シイタケは給食によく出る。

これをきっかけに、クラスではきらいな食べ物を子どもたちが次々と話しはじめた。きらいなのはリンゴのシャクシャクしているところ、玉ねぎの入っているサラダ、干しブドウ、おやつの手作りケーキ……。あの子はあれが苦手とわかるものもあったが、ふつうに食べていたものが実はきらいだという子どもたちの告白も多く、A先生はショックを受けた。子どもたちに聞かれて、A先生は〝くわい〟がきらいだけど給食には出ないと言うと、子どもたちが「よかったねえ」と言ってくれた。

この出来事のあと、子どもたちは以前より情けなく思う自分もさらけ出せるようになり、友だちを自然に思いやるようになったように先生は感じた。

A先生は、おとなたちが、おとなの決めたあるべき姿にむかってがんばることを、いつのまにか子どもたちに強いてきたことが、「シイタケがきらい」のひとことが言えないで苦しむ子どもをつくっていたのではないかと思った、と言う。そして、この出来事はその後のA先生の保育者人生に大きな影響を与えたとふり返る。

子どもはおとなの思いを見抜く力をもっている。おとなをよろこばせたくて無理をするような子どもにしないためには、誠実に子どもに向き合うことしかない。そうすればきっと子どもに教えてもらえる、A先生のように。

一歳児の心の揺れにおとなも揺れる

ある保育園での話である。乳児クラスでも、八月は先生たちが夏休みをとる。四月に入園してから、大好きになった先生が三日間もいないのは子どもにとって初めてのことだという（そんなに休めないこと自体は問題だと思うが）。

Aちゃんは、Z先生にとてもこだわっていて、乳児フリーのB先生はちょっと心配だったという。Z先生のいない最初の朝、Aちゃんはやはり泣いた。でも、遅番で朝いない日だってある。あそびはじめたAちゃんを見て、B先生は、きっとこれからZ先生は来ると思っているのだろうなと思った。お昼ご飯のとき、四杯目のスープのおかわりの要求に「もう終わりにしようか」と言ったら泣いた。午睡は背中をさすりながら眠った。

二日目の朝、Aちゃんはまた泣いた。B先生は「またこの人なのかしら。Z先生はいないのかしら」というAちゃんの心の声が聞こえるようだったという。B先生は「ごめんなさいね、今日も私なの」と思いながらいっしょにあそぶ。仲のいい友だちの側に行き、ままごとをして過ごす。

そしてこの日、B先生のほうをチラッと見ながらテーブルの上に座って、先生にむかってニヤッと笑ったという。先生は、「テーブルに乗らないで」とふだんなら声をかけるところだが、いたずらっぽいAちゃんの顔を見て、なんだかうれしかった。

三日目、登園してきたAちゃんは泣かなかった。そして、あそんでいる最中にしゃがんでいるB先生の背中にしがみついてきたのだ。B先生はやっと受け入れてもらえたと、とってもうれしかったそうだ。着替えのときは、ズボンをはかないでニコニコしながら逃げまわり、追いかけてつかまえるのをよろこんでいたAちゃん。思えば、Z先生へのこだわりが強いこともあって、B先生はクラスにはよく入っていたがAちゃんとこんなにかかわることはなかった。半年近く経って、いまやっとAちゃんにとって「知ってる人」から「安心できる人」になったのだなと思ったという。

いっぽう、同じクラスの一歳前半のCちゃんは、Y先生が一番で、Y先生にくっつき、Y先生が離れると必死に追いかけていた。Y先生にも夏休みがきた。

数日休んで出勤したY先生は、Cちゃんはきっとさびしかっただろう、会ったらどんなによろこぶだろうと思っていた。おかあさんに抱っこで登園したCちゃんを笑顔で迎え、おかあさんから抱きとったのだが、Cちゃんのようすがなんだかおかしいのに気づいた。なぜか浮かない顔をしている。そして、Cちゃんの好きなおままごとコーナーに連れて行ったとき、ちょうど出勤して保育室に入ってきたJ先生にむかって、Y先生から逃げるように行ってJ先生の膝に座った。そして、Y先生の顔を見ながら「あ！」と言って顔をそむける。

Cちゃんが朝会いたかったのは、ここ数日Cちゃんとかかわってきた J先生だったのか、とY先生は知って正直ショックを受けた。

その後、前のようにCちゃんはY先生に替えてほしいオムツやかぶせてほしい帽子などをもってきてやってもらっていたし、園庭でいっしょにあそんで楽しそうだった。でも、食事になったとき、それまでいつも食事をしていたY先生のところには来ず、別のちいさい子にごはんを食べさせているJ先生のテーブルの近くに立って、そのようすをみている。

その後、いちおう自分の席に座り、エプロンをやってくれというようにY先生に差し出して、「エプロン着けてほしいの?」と聞くとウンウンと頷いてつけてもらうが、また「あ!」と言ってぷいっと横をむいた。

Y先生は、抵抗はしないが、でもなんとなく違うというCちゃんの気持ちの揺れを感じて、子どもは正直に全身で意思表示をしているのだから、それを大事にしていくことが大切だと、ちょっと傷つきながらも思った。

もちろん、すぐに子どもとの関係はもどったのだが、先生たちの夏休みは、思わぬかたちで、おとなの気持ちまでちょっと揺らしながら、子どもたちが安心できるおとなを増やすことになった。

よろこびを分かち合えるしあわせ

ある保育園の五歳児の姿の一コマを、実践された先生が話してくださった。ご本人にも園長先生にもご了解いただき、紹介する。

運動会がまぢかに迫ったある日、年長クラスは運動会の練習をするために近くの公園に行った。W先生はフリーとしていっしょに行っていた。子どもたちから「大縄とびやりたい！」と声があがったので、とびやすそうな場所へ移動し、片方の縄を結んだ。すぐ横のベンチにどっかりと座り込むAくん。

大縄とびがはじまると、Aくんは、ベンチから一人ひとりにダメ出しをする。それに返す子はなく、淡々と順番はすすんだがあまり盛りあがらず、そのうち誰もいなくなった。残ったのはW先生とベンチのAくん。W先生は縄を片づけようかと思ったが、「Aくん、大縄とびやってみる?」と聞いた。「あのさ〜、縄とびとべないんだよね〜」とAくん。なんだかさっきまでとは違う声のトーン。続けて「(大縄を) まわすのを通る (通り抜ける) のはできるよ〜」。

W先生は、これはいいかも! と勘のようなものが働いたという。「それはいいね! やろう!」と言ってW先生が縄を回すと、Aくんは自分のタイミングで駆け抜けた。「いいねえ、次はどうする?」とW先生。「えっ、なに?」というAくんに、W先生は「何回か続けてやってみる?」と言ってみた。Aくんは「あ〜、いいねえ! じゃあ一〇回やってみる!」とやる気を見せる。一〇回はすぐ達成し、「やったね! イエーイ!」と二人でハイタッチ。なんだか楽しそうなようすに何人かの友だちが入ってきた。「次は二〇回!」とAくん。仲間が増えたのですぐに達成。またW先生はみんなとハイタッチ。友だちとのハイタッチにAくんは戸惑った表情を浮かべたが、再度コールすると、ニヤッと笑い友だちともハイタッチした。

「次は?」に「次は三九回!」とAくん。W先生は、なぜ四〇回じゃないのだろう? と思ったが、この一回が大きいんだな、と思い「OK、三九回ね!」。

大縄とびのメンバーは出入りは多少あったけれど、その後もどんどん回数は増えていった。Aくんはその渦から一度もぬけることなく、ちょっとしたときには仲間を応援する声かけもしていた。次々に記録は塗り替えられ、一〇〇回になった。その頃にはAくんの友だちとのハイタッチも自然になる。

じわりじわりと増えていった大縄をくぐる回数だったが、「次は？」の問いに「できるかぎり!!」という大きな声。子どもたちは大盛りあがりで、どうすればできるか考え、それぞれの決意のもとに、「できるかぎり！」をめざして大縄くぐりの挑戦がはじまった。W先生も、縄回しのミスは避けたい！と緊張して縄を回したという。あらゆる手段を尽くして子どもたちはくぐり抜けつづける。だれも引っかからず、縄回しもミスしないで「二二七！」まで数えたとき、担任の先生の「そろそろ帰るよ〜」という声がした。終了の合図だった。

「二二七！」「やった〜！」と子どもたちの歓声と笑顔。「運動会にこの競技があったらおれたち一番！」と叫んでいた子もいたという。子どもたちはみんな全力を出し切って笑っていた。聞いていても、この自分で決めた目標の「できるかぎりやる！」をみんなで達成し、からだの芯から湧きあがるようなよろこびに子どもたちがはじけている姿が目に浮かぶようである。

W先生は、このとき生まれた楽しさの共有から、Aくんがまったく自然に仲間の存在感の心地よさをよろこんでいると感じた。このときの手応えを「子ども本来の思いにたどりつけたように感じた」と表現している。お互いに思いがうまく伝わらなくて苦しいこともあるが、わかろうといつも努力しつづける保育者だからこそ、子どもと共感できるこんな場面に不意に出会え、よろこびを分かち合えるしあわせがあることを、W先生に教えてもらった。

三〇年前につかんだ子どもの悲しみを思い続ける

保育士定年後もずっと赤ちゃんやおかあさんたちとかかわり続けるKさんが、三〇年ほど前のことを思い出して書いてくださった。ご了解をいただいたので、ぜひ紹介したい。

その日は七月初めで、夕方、保育園で保育会議がはじまった。間もなく、パートのA先生がガラス戸越しに手招きするので中座して部屋の外へ。

「Wちゃん（五歳）が無言で小さい子の遊びの邪魔をする、ままごとコーナーに大の字に寝転んで、テーブルの上に並べてある茶碗などを足で履き落としてしまう。いくら注意してもやってしまう。なにが嫌なのか？　嫌なことあったら言ってと聞いても無言、いつもこんなことないんですよね。（後略）」

A先生の話を聞いて部屋に行くと、ままごとコーナーでうつぶせに寝ているWちゃん。

「今自分がやっていることはよくないこと、それは十分承知していてのことだとわかったので、なにも言わずにそばに座り、散らばっているままごと道具を片づけることにしました。（中略）私と二人きりになると仰向けになり無言。いつものおしゃべり大好きなWちゃんとは違い、天井を見て無表情。本当になにがあったんだろう？　身体の具合でも悪いのかなあ？　と思うほどでした。

しばらく待ってから、職員室に冷たい麦茶を飲みにいこうと誘ってみました。しばらく黙っていたが、立ち上がったので手を出すとつかまってくれて、なんだかホッとして職員室にいきました。（会議は別の部屋だったらしい……注・筆者）冷たい麦茶をコップに入れて差し出すと、一気に飲んだがまだ無言。飲み終わり立ち上がったので、『お部屋に行くの？』と言いながら手を出したら『抱っこして』と言った。やっとしゃべってくれた。（この時のこと、情景まで思い出します）。『いいよ』と抱っこしてままごとコーナーに行き、絵本でも読もうかなと思い座ったとたんだった。

『あのね、あのね、Wちゃんだってほしかったんだよ』とわあ〜と泣き出したのです。そして続けて『あのね、あのね、Wちゃんだって、お手紙ほしかったんだよ。Mちゃんは七個もらって、Kちゃんは三個で……Wちゃんはいっこもなかったんだよ……Wちゃんだって、ほしかった〜』と泣く。『そうか、そうだったの』(保育していない私はなんの手紙で、いつもらったのかわからなかったが)Wちゃんの話は続く。『Wちゃんはね、あそんでいるときもごはん食べているときも寝るときもずーとずーといやな気持ちだったんだよ』と泣きながら思いを伝えてくれました。(後略)」

聞いているK先生は胸がいっぱいになったという。

K先生はWちゃんから、年長がもうすぐキャンプに行くので、四歳児クラスの子たちが「楽しんできてね」とお手紙を書いて好きな年長さんにあげるということが午前中にあったが、自分にはひとつも来なかったということを聞き取った。Wちゃんの気持ちを担任の先生たちに話してよいかと聞くと「うん」と言ったので、Wちゃんが帰ったあと、会議にもどってみんなにこの話をした。

Wちゃんは離婚して父子家庭となった四歳のとき入園してきた子で、元気で聡明な一方で、少しでも否定されたと思うと荒々しくなるところもあり、保育者に甘えるようになるまで一年かかったという。

みんなしばらく無言だった。しばらくして四歳と五歳の担任が手紙のやり取りの話をしてくれた。もらわなかった子がほかにもいたことやWちゃんがなにも言わなかったことで、そのままにしてしまったということだった。みんな思うことはあっただろうが、そのときはだれも保育の方法のことなど言わなかったという。それくらい、Wちゃんの悲しい気持ちがみんなの胸をまっすぐに貫いたのだろう。翌日、先生たちはもう一度お手紙活動をやって、こんどは全員がもらえたようだ。

三〇年経っても、Wちゃんのせつない気持ちとおとなの反省を思い出すと、涙が出そうになるというK先生。三〇年前のWちゃんの涙は、きっと先生のなかに住み続け、その後のたくさんの子どものせつなさを見落とさないように力を貸してきたに違いない。

大きな贈り物

ある園の四歳児クラスのMくんに気づいたのは、四月、担任になって数日たったころだったとH先生は言う。Mくんは食事のとき、テーブルに着かず、自分のロッカーに入ってしまう。異動したばかりだったので、Mくんは知らないおとなを避けているのかもしれないとH先生は考えた。H先生はMくんを食事に誘い、「食べない」というものは減らしたり、食べられるというものだけ食べたら終わりにしたりするようにかかわった。

そのうち、Mくんは、食事のとき席に着かず「こんなまずいもの食べるか！」などと言うようになってきた。

一歳で入園したMくんは、二歳のときは言葉がはっきりせず、なんと言っているのかわからなかった。三歳のとき、やっと会話が成り立つようになった。四歳になって、自分の思い通りにいかないと、友だちに向かって「バカバカバカ」「お前なんかいなければいいんだ」と言い、おとなにも「うるさいんだよー、アンタの話なんか聞きたくない」と言ってその場を去ることが多かった。Ｍくんは、いけないとわかっていてよけいに言っているのかもしれない、自分でもどうしようもないかもしれない、言葉に惑わされず、ほんとうの気持ちをわかってあげようと担任で話し合った。

食事のことでは、Ｍくんは入園してからずっといやでも食べなければ終われないといったかかわりをされていた。持ちあがりの先生は、先輩の食事指導に反対できなかったとＨ先生に打ち明けたという。

先生たち二人で話し合って、いまのＭくんは、食事の時間が苦痛になっている、給食の時間がいやな時間でないようにしよう、ということを確認した。そして、Ｍくんが「食べる」と言ったものを食べ、もっと食べたかったらおかわりもできるようにしていった。Ｈ先生は、Ｍくんにとって、保育園の給食が一歳からずっと「いやなことをされる時間」になっていたのかと思うと、悪態をついたりする姿も痛々しく、申し訳ないと思ったそうである。

夏前、Ｍくんは「今日は◯◯食べられる」と言って席に着くようになっていた。いやなものも多く、食べる量も少ないが、「このなかの××がいや」とか「こんぐらい食べる」などと言えるようになり、先生たちはそれを受け入れていた。

ところが夏以降、また、食べなくなった。担任の先生たちはおかあさんにおうちでのようすを聞いてみた。そのころMくんがまた食べなくなったので、おかあさんは心配し、長い時間かかっても食べるように促していたとのことで、Mくんは自家中毒症（頻繁に嘔吐をくり返す病気）も起こしていた。

H先生たちは、Mくんが友だちともあそぶようになり、先生にも甘えられるようになってきていること、さらに保育園の給食についてもていねいに対応していることなどをおかあさんに話した。

担任二人は、おかあさんの肩の荷を少しでもおろしてもらえたらいいねと話し合っていて、おかあさんと連絡を取りながらようすをみていくことになった。

秋には、Mくんは友だちのあそびに入りたがり、乱暴するからいやだと断られると悲しそうにしたり、入れてもらえると満面の笑みでいっしょにあそぶ姿が見られるようになった。また、新しいことに抵抗のあるYくんの着替えを手伝ったり、いっしょにあそんだり、H先生のひざを分け合ってすわったり、Yくんと手をつないで寝るなど、大好きな友だちもできた。

　一年が過ぎて、五歳児クラスに自閉症のSくんが入園。給食のとき、Sくんのおかあさんが「白いご飯しか食べないんです」と先生に話していると、それを聞いていたMくんが「大丈夫だよ、先生が食べられるようにしてくれるから」とSくんのおかあさんに言った。先生たちは、Mくんの心に大きな安心と先生たちへの信頼が生まれていることを感じて、一年間自分たちがMくんの気持ちを尊重することを大事に保育してきてほんとうによかったと思ったのだった。

　おとなが子どもと気持ちを交わして心からわかろうとしているとき、子どもはふいに自分でもそれと気づかずに大きな贈り物をくれる。

Yくんのほんとうの気持ち

保育園の四歳児クラスで散歩に行ったときのことである。Yくんは途中で、そっちに行ってはいけないと言われても、いうことを聞かないで動きまわっていた。散歩先の公園にようやく到着したころには、S先生はいくら注意しても聞かないYくんにいつものことだと思いながらイライラしてしまっていた。

Yくんをふくめて、こだわったり、自分の興味で飛び出していってしまいそうになる子どもが複数いるクラスだったこともあって、そのときおとなは四人くらいいたというが、二〇人を超える子ども全員を見ていくのはそれでもたいへんだったようだ。

すると、堪忍袋の緒が切れたように、S先生が急に、ほかの先生に「この子を連れて保育園に帰ります！」と言ってYくんの腕をつかんでさっさと歩き出した。その剣幕に、

Yくんはそのまま連れていかれるように公園を離れた。

ほかの先生たちはそれをちょっとおどろいて見ながら、途中まで行ったら公園にもどってくるだろうと思っていたという。Yくんだってほんとうは友だちとあそびたいはずで、ぐずぐずと歩かなくなって、言い聞かされて、やっぱりみんなのいるところにもどる、ということになると考えていた。これまでも、Yくんだけではないが、こういうとき、最後にはみんなと合流して友だちとあそぶ展開になるのが常だったようだ。

ところが、その二人はいっこうに戻ってこない。S先生がYくんだけを連れて行ってしまったので、まさか二人だけで保育園まで帰ってしまったの？　S先生は今日リーダーなのに？　と残った先生たちは予想外の展開にちょっと、えっ……という気持ちだったという。その公園は保育園からけっこう離れていて、連れて帰る道のりでも飛び出す子どもやケンカをはじめる子たちをなんとかおさえて無事に保育園に着くように見守るのがたいへんだったことも、ほかの先生たちをもやもやした気持ちにさせた要因だったらしい。でも、少しあそんで、あとの子どもたちと先生たちで保育園に戻った。

やはり、YくんとS先生はさきに保育園に戻っていた。そして、先生たちの心配とは異なり、Yくんは楽しそうに部屋であそんでいた。あとから帰った先生たちはなんだかおさまらず、事務室の先生たちにすぐにあったことを報告した。

ごはんを食べて子どもたちが昼寝にはいったあと、担任たちで話し合いをもった。副園長が加わり、S先生に話を聞いた。S先生は、Yくんの態度に正直カチンときていて、そんなに勝手な行動ばかりするなら連れて帰ると引っ張って行ったら、途中でみんなのところに戻りたいと言うだろう、そうしたら言うことをもっと聞くように諭して公園に戻ろうと思っていたと説明した。

副園長先生は、担任みんなに、Yくんはどうしてだめと言われていることを次々やったり、みんなから離れたところに行こうとしたりしたのかな、Yくんはどういう気持ちだったんだろうと問いかけた。S先生とは別の先生たちが口々に、おとなの気を引きたかったのかなあ、自分をもっと見てというアピールかもしれないなどと言った。

S先生はそうした発言から思いついたように、Yくんが予想に反して帰るのをいやがらず、なんだかうれしそうだったと言った。Yくんがみんなのところに戻ると言わないので、事のなりゆき上引き返すタイミングを逸し、園に帰ってきてしまったのだった。結局、YくんはS先生と二人だけで散歩を楽しんだことになったのだ。

そこにいた先生たちは、Yくんの思いにあらためて気がついた。きっとYくんはもっともっと自分を見てほしい、先生を独り占めしたい、と思っていたのだ。先生が怒ってやってしまったことがYくんにはうれしいことだったのだと思うと少しせつないが、おかげでYくんの気持ちにやっとたどりつけた。

自分たちのことで、もやもやしているおとなたちを「どんなときも子どもから出発する！」という保育の視点に引き戻してくれたYくんに、感謝！

子ども目線のメリハリ

保育園の若い先生二人と話した。Ｊ先生が、この四月から組んだベテランの先生に「このクラスにはメリハリがない。保育にメリハリがないとね」と言われたという。Ｊ先生は四歳児クラスから五歳児クラスに持ちあがりの担任である。本人いわく、子どもたちは朝、声をかけてから片づけをして集会がはじまるまでに一五～二〇分もかかってしまい、そのうえ集会でも心ここにあらずといった感じの子が何人もいる。また、給食の前もそんな感じで、四歳児クラスのときからずっとまわりから、このクラスはメリハリがないと言われている。

それでも、四歳児クラスのときは担任同士で話し合って、遅い子には「はじめているね、準備できたらおいで」と声をかけてやってきた。あとから来た子には「遅いよ」ではなく「待ってたよ」と話してきた。また、J先生は、ごはんはできるだけあたたかいうちに食べたほうがおいしいので、準備ができた子から食べていたそうだ。コロナ感染対策として、配膳を子どもたちにやらせるわけにもいかず、友だちと食べたいといっても離れて黙食するというなかでは、自然のなりゆきだったようだ。

五歳児クラスになった一日目のおやつで、リーダーのベテランの先生が、五歳になったのだし、今日からみんなでいただきますをします！ と子どもたちに言って、そこから急にみんなでいただきますをすることがはじまった。

事前にほかの二人の担任になんの相談もなかったようで、J先生はびっくりした。このことは、それ自体ていねいに考えていかなくてはいけない問題だとは思うが、J先生の悩みはメリハリがないことをどう考えたらいいのだろう？ ということだった。子どもたちがこれまでと違ってさっと支度をしてその先生にほめられてうれしそうだったりするのを見て、自分は違うと思っていたけれど、先輩の先生の言う「メリハリ」はやはり必要なんだろうか？

いっしょに話を聞いていた今年一〇年目のB先生が、ちょうどメリハリについて担任の四歳児のクラスだよりを出したところだと言った。二人は別の保育園に勤めていて、偶然だねと笑い合った。保育園ではそんなによく使う言葉なのか、と筆者はおどろいた。

どんなことをおたよりに書いたのかを聞いたら、メリハリは、もとは和楽器の音の低音（減り＝メリ）と高音（張り）のことで、音楽の抑揚のことを表しているとネットに書いてあったことを紹介して、次のようなことを書いたそうだ。

三歳児のときに「いまやりたいことができるしあわせ」を十分感じてきたから、四歳になったいま、「お昼寝のあと、カエルにえさをあげる」とか「明日はバッタ探しに行こう！」など、次のあそびを考えたりする意欲や気持ちがしっかり育って、あそびが生き生きして「張り」が出てきたと感じている。

もちろん甘えたい気持ちとかもしっかり出してくれているので（これがメリかな、筆者の解釈）、その気持ちにもきちんと寄り添いながら、一人ひとりが納得して次の活動や生活に進めるように保育したい。

そして、J先生に、自分も五歳児の担任のとき、メリハリがないとずいぶん言われたけれど、おとなの言う厳しいところと緩やかなところというのはおとな目線のメリハリであって、子ども目線のメリハリとは違うから、J先生もクラスの先輩の先生とは違う目線でメリハリを考えたら意味も変わってくるのではないか、と言った。子ども目線のメリハリはなんだろうと考えてみると、あそびの楽しいところをハリとするなら、安心して生活ができるところがメリなのではないかと、B先生は考えたのだそうだ。

今年一年はすごく楽しいあそびと、食事や睡眠など安心できる生活を、子ども目線のメリハリをつけて過ごしていきたいとおだやかに語るB先生をオンラインの画面越しに見ながら、子どもにすっかり信頼を寄せているこの若い先生の、子どもを見るまなざしのあたたかさと確かさに、ここまでの保育者としての地道な格闘の歩みを見た気がして、こちらが元気をもらった。「子ども目線のメリハリ」に脱帽！

保育園の昼寝

朝早くから登園してたくさんあそび、お昼ごはんをおなかいっぱい食べたら眠くなって当然だ。夕方遅くまで保育園にいるのだから疲れるし、昼寝をすることで疲れがとれ、昼寝から起きたらまた思い切りあそべる。おとなから見たら、うらやましいかぎりである。

それなのに、どの保育園でも、子どもたちを寝かせるのにたいへんな苦労をしている。素直に眠る子もいるが、先生に「トントン」してほしい子どももたくさんいる。なんとなく布団にごろごろしながら友だちとじゃれ合ったりするのが楽しく、ちょっとくらい先生に注意されても静かにできない子どももいる。こっちの子を寝かしつけていればあちらの子がむっくり起きあがり……といった具合だ。それでも最後には眠るのだけれど、この時間が先生たちにはなかなかキツイようだ。

いっぽう、子どもにとっては、たとえば「トントン」してもらうことが叶《かな》うなら、それは一日の保育園生活のなかで得た先生と一対一の貴重な瞬間である。やさしくトントン背中をたたいたりさすったりしてもらいながら眠るのは、どんなに心地よいことだろう。でも、ほんとうに寝たくない子どももいる。眠れない理由はさまざまだと思うが、眠らないことを注意されたり、毎日、眠れないまま布団に横になっているのはさぞ苦痛だろう。

ある保育園の四歳児クラスでは、春から五月の連休くらいまで、お昼寝のとき、大騒ぎがはじまってひとしきり騒いだあとやっと寝る、という状態が続いていたという。もちろん、すぐ寝る子もいるのだが、騒ぎの中心になるYくんは友だちがほとんど寝てしまっても目を開けている。そうやってごそごそしている子が何人かいた。先生たちも必死に寝かせようとするが状況は変わらず、ホールでいっしょに寝ている五歳の先生からも困ると言われていた。

ある日、Yくんが「どうしてもお昼寝したくない」と先生に言ってきた。ちゃんと自分の気持ちを伝えてくれたのは初めてだったので、「どうしてそんなに寝たくないの？」と聞いてみた。「退屈だし、とにかくいやなんだ」とYくん。「退屈」ということばの裏にいろいろな思いが隠れていると感じた先生は、「寝たくないのは十分わかるよ」と言ってから、お昼寝が必要なわけを説明して、眠れないときでも、横になってからだを休めてほしいことを伝えた。先生は、Yくんの気持ちに真剣に向き合わないと、といっしょうけんめいだったという。「どのくらいの時間が必要なの？」とYくん。前の年長クラスで同じようなことがあったとき、三〇分くらいだったのを思い出して、「う〜ん、まだ四歳だから時計の針が八まで（四〇分）くらいは必要だと思うけど」と先生。さらに「それまでからだ休めたら別の部屋であそぶのはあり？」とYくん。「う〜ん。クラスのみんなで話そう」と帰りの会に持ち越した。

おやつを食べてから、クラスのみんなにYくんの思い、担任の思いを伝え、みんなはどう思うか聞いてみた。「昼寝って退屈」「起きる時間までタオルであそんでいる」「眠い子のじゃまはしてほしくない」など、これまでの話し合いにないほどみんなが集中して意見を言った。そして、はじめの四〇分は横になって静かにすることが決まった。担任の先生は、感動し、困ったことなどがあれば、みんなに話せば解決できるかもしれない、と少しでも思ってくれたらいい、と思ったという。

この話を聞いた一か月半後、どうなった？　と聞いてみた。おどろいたことに（失礼！）このルールが生きていて、みんな静かに布団にはいり、四〇分たつとYくんとほか数名がスルスルっとほかの部屋に出ていく日が続いていると言った。

この話にはさらにつづきがあって、七月に入ってから、五歳の先生から四歳だけやるのは困ると言われているとのことだった。でも、中心だったYくんはプールがはじまってから一週間、毎日寝てしまって四〇分たっても出ていかないそうだ。「寝なくてはならない」枠から解放されて得たものは、安らかな眠りだったのかもしれない。

ある晴れた日の園庭で

九月末の秋晴れ、その保育園の園庭には二、三歳のクラスの子たちがあそんでいた。ゼロ歳、一歳、四歳は散歩、五歳は室内で運動会にむけてなにか作業をしていたので、子ども の数は少なく、登りやすい大きな木が何本かあって土山もある園庭は広々としていた。

砂場にはシャベルで容器に山盛りに砂を入れている子どもたちが数人、その砂場の端っこにバケツで水を運んできてはザーッと空けてまた汲みに行く三歳の男の子三人、少し離れた木の家の二階でなにやら話している三歳の女の子四人、木の家の下に何人かの二歳児たち、先生においかけられてキャーっと声をあげて逃げる二歳児数人、庭にむいた足洗い場の水道で黙々と水あそびをする子、雲梯《うんてい》でぶらさがったり飛び降りたりしている三歳の女の子二人、虫探しをしているのか、園庭のフェンスのあたりの雑草をかき分けている子、テラスでぼーっとしているように見える男の子……。子どもたちの声も空や土に吸い込まれるようで、なんだか静かでのどかである。先生たちもよく見ると、その子どもたちのあいだに交じってしゃがんでいたりするのだが、庭に溶け込んでいるようで、圧迫感がない。

そのうち、バケツでせっせと水を運んでいた子どもたちが、砂場にできた水たまりに飛び込み、ドロドロになってあそびはじめた。一人が泥に寝転がると、また一人、二人と同じようにする。もちろん顔も頭のてっぺんまで泥にまみれ、お互いをまねしてにんまりする三人。二歳児が近くでまねをして泥に入っている。

木の家の女の子たちに先生が近づいて「私も二階にあがって休みたい。あがってもいい？」と聞いている。「だめーっ。ただ休んでるんじゃないんだから！　あたしたち、いまだいじな相談してるの！」と女の子たちに断られ、すごすごと（？）引き返す先生。

他方では、二歳の女の子が顔に泥をつけたまま足洗い場の水道でパンツについた泥を洗っている。パンツのなかに水道の水を入れてみたりして夢中だ。タンクトップも引っ張っていたので、担任の先生が、その子が脱ぐのを手伝い、「干しておこうか」と言って木と木のあいだに張られた綱にひょいとかけた。背の高い先生が背伸びして手を伸ばして干したタンクトップを見あげて、パンツもズボンも干したいと脱ぎはじめる。先生は彼女を抱っこして衣類を綱にかけるように促すが、なかなか引っかけられない。先生が手伝ってやっと干した。ほかの二歳の子どもたちが目ざとく見つけてやってきて、つぎつぎに脱いでは先生に高い抱っこをしてもらって綱に自分の服をかけていく。いつのまにか、パンツだけの子やパンツも脱いでしまった子たちが園庭をうろうろすることになった。そしてうれしそうに洗濯物を見あげ、聞くと自分の衣類を指さしてくれる。先生に聞いたら、結局二歳児全員が参加したという。

青空を背景に、一二人分のちいさな衣類がいまにも落ちそうにぐちゃっと綱に並んでいるのは、なんとも魅力的でかわいらしい光景だった。

そろそろ足を洗って部屋に入るごはんの時間。足もからだも洗ってもらってさっぱりと着替えていく子どもたち。干した衣類をそのままにして、なんとも満足そうにこざっぱりして部屋に入っていく。

ごはんつぶだらけになりながら無心に栗ご飯を食べている子どもたちを見ながら、しあわせな時間が流れているのをしみじみ感じた。とくに「〇〇あそび」が計画されてそれに子どもが乗ったというわけでもない。子どもたちは、気持ちのいい太陽と風のなかで好きなことをして、そしておもしろそうと感じることにはいつのまにか全員が参加して、私たちになにがおもしろいかを教えてくれる。ここにいっしょにいられたことを感謝しながら、平和というのはこんな姿をしているのかもしれないとふと思う。

散歩先が決まるまでの長い道のり

秋のはじまりの散歩日和。暑い時期は散歩もあまりできなかったので、ひさしぶりに行こうとなって「どこに行く?」と話し合いがはじまった。「ザリガニ釣りに行きたい!」「ブランコのある公園がいい」「秘密の森は? ひさしぶりに」とそれぞれが思いを出していく。よい雰囲気で、「それいいね」とか、「ザリガニ、あんまり釣れないからなあ」など、意見も飛び交う。「近い○○公園、よくない?」「◇◇公園、ひさしぶりに行ってみたいなあ」と、どんどん選択肢が増えていく。

二四人の子どもたちがイメージをもって希望を出し合っているうちに、六つぐらいの候補地に集約されていった。これをどう絞っていって決めるのか、話し合いは進む。「これじゃ、だれかが譲るか、譲ってもらうしかないんじゃないかなあ」「ジャンケンはどう?」

といった意見に対して、「ジャンケンは絶対やめたほうがいい。負けたときにイヤな気持ちが残るから！」という声も出る。そのまま意見を出し合うこと四〇分。「もうどこでもいいから出発しない？」という素直な思いも聞こえてきて、担任のT先生はもう限界かなと思い、「すっごい不本意なんだけど多数決で決める？」と提案したが、「結局イヤな気持ちが残りそうじゃん？」と却下された。先生は、しっかりしたいい子たちだと思ったそうだ。

一人の子が「ターザンロープのある公園に行って、みんなにターザンのようにできるようになったところを見てほしい！」と言い出した。しかし、その公園は保育園から片道三〇分くらいかかる。T先生が、「向こうについて一〇分くらいしかあそべないと思うけど……」と言ったら、その子はぽろぽろ涙をこぼしながら、それでもいいからみんなに見せたいとちいさな声でいっしょうけんめい訴える。ほかの子が「あそぶ時間がそんなに短いのはいやだな。ターザンロープの公園は明日にするのではだめかな」とその気持ちに寄り添いながらも、自分の思いも提案する。五分くらいのやり取りの末、その子が「今日はがまんするから明日、ターザンロープの公園に行ってもいい？」と涙ながらに話し、みんなが「いいよ」と言って、ついに明日の散歩先が決まった。

一時間にわたる話し合いで時間がなくなり、今日は一番近い公園であそぶことに決めて出発した。みんなが納得できるまでねばって考え、話し合えた気持ちのよさみたいなものが子どもたちのあいだに生まれ、よく我慢してくれたというように涙で訴えた子の肩をなでたり、抱いたりする子もいた。

その日の散歩の帰り道、涙した子が「今日の散歩、まあまあだったよ」とニッコリして言った。なんだかみんないい顔をしていたそうだ。

このクラスは、春のころは散歩が好きでない子が多かったという。散歩、と言うと「えーっ、いきたくなーい」と言う子が何人もいた。

ある日「△△公園に散歩に行きたい」と言い出した子がいた。すぐ、行きたくないという反対の声が聞かれたが、行きたいと言った子に「どうしてその公園に行きたいの？」とT先生が質問すると、その子が「今日の朝はなんだか保育園に来たくなかった。だけど、△△公園に散歩に行けるかもしれないと思ったら保育園に来る気持ちになれたんだ」と話した。自分も朝、保育園に行きたくないときがある、という声がいくつもあがった。そして「じゃあ行ってあげようよ」と言って、散歩反対の子たちもいつになく積極的に散歩に行ったのだった。

そんな毎日が、子どもたちに、自分の気持ちを言い、それをお互い聞き合う関係を育てたのだ。そして、今日の散歩先を決めるのに一時間もみんなで集中して考え、自分の願いもお互いの思いも大事にしようとする子どもたちになったのだとT先生は言う。おとなの自分はなんとかはやく決めたいと焦ってしまったけれど、子どもたちはブレずにちゃんとみんなの納得を引き出した。子どもたちにまた教えられてしまったと。それこそ揺らがずに子どもから学べるT先生に脱帽する。

やってはいけないということを子どもがしたとき

保育を語り合う学習会での話である。ある保育園で、その日ウッドデッキに落書きがあったという。五歳児クラスの子どもたちが、みさちゃんが書いた、と口々に言って来た。行ってみると、そこには「みさがかいたんじゃない」とマジックで書かれていた。でも、この字はみさちゃんの字だとよくわかる文字だったし、書いてあることも見て、先生はみさちゃんがやったと思ったそうだ。

先生がみさちゃんに聞くと、「みさじゃない。『みさがかいたんじゃない』って書いてあるじゃん！」と言った。友だちが「みさ、書いちゃった？」と聞いたら、みさちゃんは今度は「うーん」という感じになって、書いちゃったことを認めるかたちになった。先生はこのままでおうちに帰ってほしくなかったので、みさちゃんが字がうまく書けるようになってきたからいたずらしちゃったのかな？　と話したりして、友だちも、「でもそういうところには書いたらダメだよね」と言って、みさちゃんもわかったとなり、みんなホッとした雰囲気になった。先生もよかったと思ったそうだ。

これを聞いていた先生の一人が、自分の子どもの頃を思い出したと言って、こんな話をしてくれた。小学生の頃、授業の「業」という漢字を覚えたとき、たてたてちょんちょんよこちょんちょん……と言いながら、書けるようになったのがうれしくて、家にあった鏡台の台のところにピン止めの先かなにかで「業」を彫ってしまったのだそうだ。お父さんに見つかって言われたけれど、自分はその字が書けるようになったのがただただうれしくてたまらず、お父さんも、これは嫁に行くとき持っていく大事なものだなって笑っていたという。その先生は、みさちゃんも、もしかしたら字が書けるようになったのがうれしくてうれしくて、そういうところにも書きたかったのかな、と言った。

それでもやってはいけないということは気持ちのなかにあったので、「みさがかいたんじゃない」となったのかもしれない。マジックを消すのはたいへんだが、なんだか子どもたちの成長の姿が見えるような落書きの話になった。

でも、別の先生の話はもっと考え込んでしまうものだった。やはり五歳児クラスで、林に散歩に行ってAくんがクワガタを捕まえた。Aくんはふだんなかなか捕まえられなかったので、この日は大よろこびで園に帰り、「家に持って帰る」と袋に入れて自分のロッカーにしまった。ところが、昼寝から起きたらクワガタがなくなっていた。

クラスのみんなで探したが見つからない。その最中にMくんがクワガタを持っていることがわかった。Mくんは「これは散歩のとき、自分が捕ってきた」と言ったが、Aくんは「Mが俺のクワガタを盗った！」と怒り爆発で飛びかからんばかりだ。でもMくんが盗ったという証拠はない。みんなに聞いても、散歩のときはだれもMくんがクワガタを捕まえたのは見ていない。その先生は、ほんとうに困ってしまったが、状況から見て、MくんがAくんのクワガタを盗ったのは確かだと思ったという。

その場では進展もなく、夕方、Mくんと先生だけで話をした。クワガタ欲しかったの？など、いろいろと聞いて、Mくんは自分が盗ったとはどうも言わなかったようだが、最後にはAくんにクワガタを渡したようだった。

話を聞いたみんなは考え込んでしまった。Mくんかわいそう、とだれかが言った。そして、どの子にもいろんな思いがあることをていねいに聞き出し、友だちどうしでそれを聞き合い、自分の気持ちも重ねながらお互いをわかっていくことしか、解決はないのではないか。そのなかで、そのときは言えなくても自分と向き合えたとき、なにがやってはいけないことだったのか、どんな気持ちだったのか、話せるときがくる。ほかの子も、そのことで友だちのほんとうの気持ちをわかるようになる。それを見守りながら焦らないで待つことが大事なのではないか、と話し合った。

わくわくするいたずらも、追い詰められてのいけないことも、全部その子たちの育つ栄養にしていけるおとなのあり方が問われている、と思う。

嵐のなかで

コロナでもこいのぼりは泳ぐ

二〇二〇年がはじまったとき、日本じゅうはオリンピックでいっぱいだった。だれがいまの新型コロナウイルス感染症拡大という この状況を想像できただろう。

自粛が叫ばれながら、休業して家にいることが大切とわかっていても、現状の困難を支える人の子どもは保育してほしいと言われ、保育園はそのはざまできっと悩んでいる。この自粛で、直接出かけて、見たり聞いたり話したりができなくなった筆者は、全国の保育園の先生たちはいまどうしているだろう、子どもたち、保護者たちはどんなようすだろう、と心配している。

インターネット上に書き込まれているのは、保育士の人たちの感染への不安だったり、現状で園に預ける親に向けられるきびしいまなざしだったりが多いように思う。保育所の安全対策や保育所職員への具体的なサポートの施策がない孤立感で、保育士がぎりぎりのところに立たされていることがひしひしと伝わってきた。

そうしたたくさんの無記名の意見のあいだに、ひとつだけ保護者の声を見つけた。そのおかあさんは、病気があるため二人の子どもを保育園に預けている。しかし、自粛要請のなかで、ほかの保護者も園を休んでいるのだからと、自身も自粛している。小学校低学年の上の子も含め、三人の子どもたちと一日じゅういっしょにいると、子どもの声が頭に突き刺さり、耐え切れなくなって一日じゅう怒鳴ったりしてしまうそうだ。そして、自分が虐待してしまうのではないかと怖くなっているけれど、みなさんに比べたら自分はもっとがんばらなくてはいけないと思う……といった内容だった。保育園を必要としている人たちは医療関係や安全を守る仕事などについている人たちだけでないことを思い出させてくれる投稿だった。

そのような日にやりとりしていたメールで、はからずも保育のようすを垣間見ることができたので、ぜひ紹介したい。

その園でも、ふだんの何分の一しか子どもは登園していない。五歳児クラスでは、大きなこいのぼりを各自が好きな色の糸で丸く縫って、絞り染めをして飾ろう、と相談していたという。そこに緊急事態宣言が出て、「初めての縫い物をみんなでしよう」とした日から、とつぜん子どもが少なくなってしまった。登園した五歳児は針の持ち方や気をつけること、縫い方などを教わり、初めて自分の気に入った色の糸で絞り染めのために丸く縫った。でも、休んだ友だちの分の丸がそのまま残っている。すると、子どもたちが「代わりに縫ってあげようか」と言った。「でも、ほんとうは自分で縫いたいと思うな〜」「じゃ、縫う糸を、その子の好きな色で縫ってあげたら？」とAちゃん。「いいね、そうしよう」となり、〇〇ちゃんは青がいいって言ってた、とか△△ちゃんは茶色って言ってたよ、などと話しながら、友だちの分を分け合って縫ったという。担任の先生は、休んだ友だちも縫いたかった気持ちをみんなに伝え、子どもたちは、友だちのことを想いながら縫いあげたそうである。

たくさんの友だちが休んでも、だからできないとか、おとながやってどんどん進めるのでなく、子どもと相談しながら一人ひとりのことを想うことが自然にできていく姿に、ひさしぶりにほっとした。ありがとうとメールを送ったら、数日後、その続きというメールをいただいた。

そのこいのぼりを、二日にわけて染めたのだそうだ。一人でも多くの子が体験できるようにとの配慮だったようだ。お湯を使うのでやけどに注意すること、染め粉は飛び散って服についたらとれないことなども説明し、開始。一つひとつやるごとに「おおー！」と感動しながら、染める作業に夢中になったようである。
メールの最後に「明日、こいのぼりが園庭に泳ぎます」とあった。こういうときだからこそ、子どもたちと一つひとつの気持ちを共有していこうとする姿勢に、ほんとうに頭が下がる。そして、国は子どもも保護者も保育者も、ぜったい犠牲にしないでほしい。明日の晴れとともにそれを願わずにはいられない。

（二〇二〇年六月）

コロナの真っただなかで

前回、今回の新型コロナ感染のなかで保育園の先生がどんなふうに子どもたちとの毎日をつくっているか、いのちの安全と親子の生活を支えることとの両立の方法を必死で模索し、葛藤しながらどれだけがんばっているか、少しだけお伝えした。

ひと月経って、この原稿を書いているいま、東京もふくめ、全国の緊急事態宣言が解除され、今日から多くの人が通常の勤務にもどった。ということは、保育園に登園する子どもの人数も平常時にほぼもどったということで、先生たちもフル稼働でなくてはやれないということだ。この一か月以上の保育の自粛要請は、保育園になにをもたらしたのだろう。

ある園では、臨時職員の方たちもふくめて一〇日間の特別休暇をつくり、有給休暇や欠勤扱いで休むことを避けた。そのことで、とくに臨時の先生たちが安心したようである。そして、在宅勤務も順番におこない、保育に関する本を法人が配布し、読んで感想を書くことを勤務内容とした。それをまたみんなで読みあい、毎日いっしょに働いている人たちだけど、保育についての思いや自分の育った環境など、これまで聞いたことがなかったそれぞれの人の言葉にお互いしみじみするなど、いままでにないお互いを知る機会を得たという。

子どもは自粛要請に協力する保護者の状況で、毎日来る子や、週に一、二回来る子などさまざまだ。同じクラスの子が極端に少なくなり、つまらない、という子もいたし、個別にゆったりでよかった子もいたと聞く。先生たちの引き継ぎも、勤務によって努力してもこぼれることもあった。気持ちが不安定になっている子も出てきている。

とくに在宅でまったく来ない子どもがどうしているか、先生たちは心配して、動画配信サイトYouTubeにメッセージを流したりもした。その園のメッセージを見せていただいたが、各クラスの担任を中心に、歌って踊ったり、紙芝居を読んだり、手品をしたり楽器演奏をしていた。とくに手品は三パターンくらいあったが、そのほとんどがあまりにヘタで、はずかしそうに、でもいっしょうけんめいやっていて、見せてくれた園長先生と、新型コロナ対策としてはよくないのかもしれないが、マスク越しながら大笑いした。子どもたちも、失敗したりしながらも、気を取り直してやりつづける自分の先生に映像で触れられて、とてもよろこんだようである。保護者からも笑顔で「見ました」と言われたりして、おとなたちも和んだ。そして、なんだか先生たちも楽しそうだった。

でも、三月に卒園して新一年生になったのにずっと家にいなくてはならない子どもたちには、そうしたフォローも届かない。

ある園長先生は、Bちゃんのことが心配で、学童保育所に問い合わせてみたが、四月からずっと休んでいると言われ、元の担任の先生と卒園のときのものを届けるという口実(?)で家を訪問したという。母親もBちゃんも家にいて、再会をよろこんでくれた。元担任と園長先生は順々にその子を抱っこした。新一年生は素直に抱かれていた。

「ずっとおうちでたいへんでしょう?」と母親に聞くと、「大丈夫、家で仕事のときは、前から〝おかあさんはいま、いません!〟と言い聞かせてきたからジャマもしないし」との答え。抱っこのまま、母親にその子を渡すと、子どもは母親にしがみついた。母親はふりほどくように子どもを下に降ろした。

お風呂に入っていないし、服の洗濯もされていないことが在園時から心配され、園として手助けしていた家庭だったが、保育園ではこの先は見られない。給食もないなかで、ちゃんとご飯を食べているかも心配だ。どこかにつなげていかなくてはならない。保育園というセーフティーネットが次に託せるのはどこなのだろうか。新型コロナ感染禍はそうしたことも浮き彫りにする。

（二〇二〇年七月）

コロナ禍での働く人への補償

六月二六日付の朝日新聞に、〝保育士　届かぬ休業補償〟という記事が載った。テレビの報道などでも、東京大学大学院の研究機関がおこなったこの報告が報道されていた。この調査は、新型コロナウイルス感染で緊急事態宣言が出されて三〜四週間がたった四月三〇日〜五月一二日に、全国の保育施設の施設長や職員を対象に、休業補償について聞いている。常勤の七八・七%、非常勤の六三・七%、パートの四九%弱が「一〇割の補償あり」としたいっぽうで、常勤の七・六%、非常勤で九・八%、パート職員で一五・八%が「補償なし」と回答した。

内閣府は、すでに園側の収入は保証されると発表しているとして、全額支払うよう事業者に求める文書を出している。この記事では、別のアンケートで、四月後半でも公費の補償を知らなかった保育園が二割はあり、周知が必要だと書いている。

このニュースが最初に流れたとき、なんとなく保育園の運営側が、補償分の給与を不当にカットしているかのように聞こえたのが気になって、それぞれの保育園の補償の現状が知りたくなった。

内閣府は、二〇二〇年三月四日付の想定問答の文書で、「学校の休校に伴い、保護者である保育士が出勤できなかった場合、当該保育士の給与はどうなるのか」という想定質問に、「保育所等に対しては、通常通り給付費を支給します」と回答している。それ以後、国の「事務連絡」は何度も追加を重ね、六月一七日にはこの問題で「報道や国会の議論のなかでご指摘をいただいた」として、すでに示してきたことを述べたうえで、「常勤や非常勤にかかわらず、『休ませた職員についても通常通りの賃金や賞与を支払う』ことを事業者に求めるよう通知した」という文書を出した。

いっぽう、保育園の園長先生にうかがうと、はじめは休んだ人は六割補償としたが、あとから役所の指導で一〇割補償としたという園もあれば、なかなか自治体からの指導がないなか、法人として賃金は通常通り支払うことを決め、もし、国が公定価格を減額してきたら、そのときはご相談します、と言ってとりあえず職員に安心してもらったという話もあった。

また、はじめは有給で休んでもらっていたが、有給を減らしたくないと、子どもが一〇人に満たない状況でも休まずに出勤する職員も結構あり、子どもの人数より職員のほうが多いときもあったという話も聞いた。出勤した先生たちの仕事を聞いてみると、園の清掃、書類の整理、おもちゃの修繕や製作などいろいろだったが、必要な保育の話し合いは、集まることが感染リスクを高めるためやれなかった、との声も多かった。園によっては職員を二つのチームに分けて接触をひかえ、チーム別に出勤することで、感染者が出ても、もういっぽうのチームが動けるようにしたという話も出て、クラスの担任同士の毎日の引き継ぎがたいへんだったし、子どもたちも落ち着かなかったと思う、という話もあった。

ある公立保育園の園長先生は、次々と役所から文書が来て、保護者に伝えなくてはならないのはどれか、休んでいる家庭にどうやって届けるのかなど、文書に追われて苦労しているという。

このようにほとんどの保育園の現場では、国や自治体は自分たちをどう守ってくれるのか、給与や休暇などの補償はどうなのか、自治体からの文書も実際にはなかなか届かず、わからないまま、それでも精いっぱい考え、手だてを見つけようとがんばってきたのだ。

園長たちは、職員たちの不安をわかっていても、役所の説明が遅かったために職場が混乱したり、職員間でいやな思いをさせてしまったことなども背負いながら、がんばっている。もし、適切でない園があるなら行政がきちんと知らせ、指導してほしい。

感染の危険を覚悟して子どもと親のためにがんばる保育園に、国や自治体は、せめて一〇〇％（できればそれ以上）の補償をすることで最低限の敬意を示してほしい。

（二〇二〇年八月）

これまで通りにできないいまだからこそ

新型コロナウイルスの感染は三月から拡大しはじめ、四月からは保育園も登園自粛や休園で、進級した子どもたちはクラスの友だちとみんなで過ごすことも叶《かな》わなかった。それでも、保育園では登園してくる子どもたちが少しでも楽しかった、と思えるように、また、登園できない子どもたちも保育園となにかでつながってうれしいと思えるように、考えつくあらゆることをやってきた。保育園の先生たちの子どもたちを思う強い気持ちと、あきらめないで次々とアイデアを実現していく行動力には、ほんとうに頭が下がる。

これを書いている七月末は、いったん自粛が解除され、保育園に子どもが戻ってにぎやかになっているが、感染拡大は収束には向かっていない。こうしたなかで、東京などではプールや夏祭りなども中止され、運動会なども検討している現状である。

とくに、五歳児は、卒園までにたくさんのすてきな思い出をつくろうと、例年なら行事が多いが、次々に中止せざるをえなくなって、今年の五歳児はかわいそう、という声も多く聞く。

ここに紹介したいのは、悩んだ末、朝から夕方までの保育のなかで「お泊り」をやることにした園の五歳児クラスの話だ。例年は園に泊まることがなんといっても子どもたちにとっての一大行事だったが、今年は感染のリスクを避けるためにそれは無理。自分たちでの調理もむずかしいし、少し遠出のザリガニ釣りもできない。延期という不安の声もあるなか、いまのほうがまだやれると先生たちが判断し、保護者の理解も得て、ギリギリまで休んでいた子も参加しやすく五歳児みんなの気持ちがおどる行事にする工夫を考えた。

子どもと、当日の献立についての話し合いをすると（みんなの希望を入れて給食の先生たちがつくってくれる）、食べたいものがたくさん出てきていちどには食べきれそうもない。

そして、子どもたちが収穫した野菜類をどっさり入れたカレー、じゃがいもにバターをのせたじゃがバター、サラダ、一本キュウリ（縦半分に切る）、育てたキャベツをそのまま塩やマヨネーズをつけて食べることなど、特別メニューが決まり、園内に貼りだされる。

また、クイズの王様からなぞかけをおこない、いろんなクラスを巻き込みながら何日もかけて子どもたちがそのなぞを解いて宝物を見つけたり、一人ずつ薄暗くした部屋にいって、そのクイズの王様の出すなぞを解き、勇気のしるしをもらってきたり、最後はキャンドルを灯しておどったり……。

さらに、例年やっているそうめん流しも、食べなければいいんだよね、と子どもたちと流すものを考え、せんたくばさみ、あやとり、みんなで絵を描いてラミネートしたちいさな紙（合計七〇個も！）などで流しそうめんごっこもやったという。

どの保育園もとくに五歳の行事のときはそうだと思うが、この園も、毎日のようにこうした内容、子どものアイデア、子どもの姿など、そのプロセスをすぐニュースにして、保護者だけでなく園内の先生たちとも共有している。この毎日のように出されたニュースを読ませていただいていると、コロナ禍のなかで多くの保育内容の変更を余儀なくされて苦労しているにもかかわらず、保育を楽しんでいるようにさえ感じる。当日の直前にはほかのクラスから五歳児へのメッセージも出されて、おとなたちみんなで子どもたちの行事を楽しくやれるようにしようとしているのがわかる。もちろん、子どもたちは当日全員参加で、とびきり楽しい一日を過ごしたことが保護者の声からも痛いほど伝わってきた。

おとなたちは、子どもたちのわくわくする日々をつくろうと、新しく考え出したことに子どもといっしょに取り組むことで、いまのつらい状況のなかでも元気をもらっている。
これまで通りにできないいまだからこそ、保育はそのとき保育園にかかわるおとなたちと子どもたちでいっしょに創り出していくものだという基本を大切にしたい。

(二〇二〇年九月)

保護者とともにすすむと決意した保育園

新型コロナのなかでも、保育園は閉じるわけにはいかない。それでも少しでもリスクを減らすため、さまざまな対策をとっている。体温計測、手指の消毒などとともに、送迎時に保護者を園舎内になるべく入れないようにすることなどもおこなっている園が多い。

その園でも、四月はじめから玄関のドアの外に名簿と体温計、消毒薬をおいて、玄関先で手指を消毒した保護者から荷物ごと子どもを迎え入れ、帰りも玄関の外で待ってもらい、事務室から園内放送で「〇組の☆☆ちゃん、お迎えです」と呼び、先生が荷物といっしょに子どもを玄関まで連れていくようにした。それまでの靴を脱ぐスペースに敷物を敷き詰め、玄関に土足でだれも踏み込めないようにもした。

初めはとまどうこともあったし、先生たちもマイクの呼び出しを聞くことや子どもの荷物や身支度の手間が多くなってたいへんだったが、みんな次第に慣れていった。

半年過ぎたある日、ある家のノートに苦情のようなことが書かれていた。朝、A先生は玄関まで迎えに出てくれるけれど、B先生は出て来てくれない、ノートが書かれていない日があった、汚れ物がビニール袋に入っていなかった（この園では低年齢児の汚れ物は水でざっと洗って、ビニール袋に入れて返していた）などであったという。

主担任のA先生はあわてて帰りにおかあさんを呼び止めて、ていねいに話を聞いた。次の日、おかあさんはとてもニコニコしていたそうだ。そして、汚れ物、ビニール袋に入っていたのに勘違いしていたかもしれない、とおかあさんから言ってきた。そうだった？と、また少し話す機会ができた。

どうして、いままでそうでなかった人がこまごまと苦情を言いたくなるのか、保育園の職員みんなで考えた。そして、思い当たったのは、保護者が子どもといっしょに園内に入って毎日職員と顔を合わせることが、気持ちが通じ合ううえでとても大切、ということだった。そのおかあさんの話をきっかけに、ほかにも、保護者のようすがわからなくなったという声もあり、保護者も子どものことがわからなくなって不安なのではないか、という話になった。

玄関の外での受け渡しでは、先生と話はできないし、保護者同士のおしゃべりもできない。これまでも、担任の先生と会えるとはかぎらなかったけれど、園の中で保護者が荷物の整理などをしていたときには、そのときにいる先生とことばを交わす機会もあったし、保護者同士もなにかと話したりできた。相談したいときは時間をとって話すこともできた。それらすべてがなくなってしまったのだ。

先生たちは保護者会とも相談して、保護者全員に、玄関の外での対応をやめて、入り口で検温と消毒をおこない、以前と同じように荷物をもって子どもといっしょに保育室まで入ってもらうことにしたい旨の手紙を出し、意見を求めた。反対や心配する声もあがらず、玄関外での対応は解除された。夕方ひっきりなしに響いていたマイクもなくなった。やっと先生たちとしゃべることができる、と多くの保護者がホッとしていることが伝わってきた。

さらに、消毒などにも気をつけながら、まず希望者に個人面談をすることにした。希望は多く、そして、サポートがすぐにも必要かもしれないと思う保護者とは、園長や主任も話すように心がけた。半年のあいだに仕事だけでなく、家族の状況も変わって子どもが落ち着かなくなっていることなど、おかげで子どものこともっとよくわかって、子どもも、この新型コロナのなかでずいぶんがんばっているのだと思い知らされた。

新型コロナとのたたかいは、どうすることがほんとうによいのかは正直わからない。でも、この保育園は、そのことも保護者といっしょに考えていこうと決めたのだ。換気のため窓やガラス戸すべてを開け放した園のあちこちからおとなと子どもの元気な姿が見えて、心配もあるがうれしくもある。

（二〇二〇年一二月）

コロナのなかの救助の船

初めて新型コロナウイルス感染で世の中に緊急事態宣言が出されたとき、保育園は医療従事者などのために開園はしていたが、できるだけ休んでくれるように保護者に協力を頼んだ園は多かった。この感染症の得体が知れず、どんどん人が亡くなっていくのが怖かった。

ある園で、協力して長く休んでいた子がいたが、ある日、保育園におかあさんから電話がかかってきた。わが子がほかの子ができることがなかなかできないことを気にしていたおかあさんだったが、今日、その子に「今日も保育園行かないの？　お友だちが僕のこと忘れちゃうよ」と泣かれたという。おかあさんは、わが子がそんなにも保育園で友だちと過ごすことを求めていたことにあらためて気づいて、保育園に電話してきたのだった。

困っているようなおかあさんの話に、先生は、マイペースのその子は最近やっと友だちに混ざってあそぶことができはじめ、そのことが楽しくなりはじめていたことを思った。保育園は「すぐ連れてきていいですよ、お友だちはまだあまり多くないけれど」と電話口で言い、おかあさんは涙声になった。そして、実際に親子はひさしぶりに登園した。子どもは友だちとあそべてうれしそうだった。

別の保育園では、地域の親子が集う活動をしていたが、コロナでしばらく中止にせざるをえなかった。コロナ禍三年目に入ったある日、地域の子育てについてのお便りを見たという方から、保育園に電話がかかってきた。その地域に住んでいるが、連絡は初めてだという。そのとき不在だった担当者が連絡し、半月後にようやく電話がつながって話が聞けた。

その人は二歳の双子のおかあさんで、子どもたちは早く生まれ、生まれたときの体重も一〇〇〇グラムかそれに満たないくらいちいさかった。双子は発達に差があり、一人の子は療育を勧められているという。二人の動きがまったく違うので、外出しても一人では見切れず、コロナの心配も重なって、家にこもりがちだったそうだ。あちこちの子育てひろばのようなところが再開されたりしても、療育が必要な子どもを連れて行くのに気おくれして結局どこにも行かれないし、連れて出るだけでもたいへんという。担当の先生が「おかあさん一人でお子さんたちのためにずっとがんばってきたんですね」と言ったら、電話越しにおかあさんは泣き出してしまった。いつでも保育園に来て、と言ったら、ひと月後、一度訪ねてきたが、運悪く園長も担当も不在だった。

そしてまたひと月半後、そのおかあさんから電話がかかってきた。今度は職員がコロナでやはり不在だった。それを告げると電話の向こうで涙ぐんでいるのがわかり、中堅の先生が「今日、子どもを連れて出られそうになったら何時でもいいから来ませんか？　園についたら電話をくれればお迎えに出るので」と言った。

午後、その親子はやってきた。子育てひろばの部屋に二人の子とおかあさんを招き入れて、話を聞きながら、バケツに水を汲み、遊具を出して子どもたちを水あそびに誘った。

双子の子どもたちはバケツの水をままごとの容器ですくったり、それをまたこぼしたりと、からだを寄せ合ってうれしそうにあそんでいたという。床は水浸しになったし、子どもたちもだいぶ濡れたが、双子は顔を見合わせて満足そうに笑った。

それを見たおかあさんは、「二人でこんなに長いことあそべるんですね」と言った。こんなにうれしそうにずっとあそぶ二人を見たのは初めてだったそうだ。そして、また涙ぐんだが今度は心細くて出た涙ではなかった。

帰り、からだのちいさい子を抱っこしていたら、大きいほうの子がおかあさんの手を求めてつないだ。わが子のつないだ手のしっかりした手応えに、おかあさんはまた涙ぐんだ。そしてまた、いつでも来てねと見送られて帰っていった。

子どもたちはコロナがはじまってから生まれ、おかあさんもそのなかでしか子育ての経験がない。どれほど心細かっただろう。どんなときも、保育園は溺れないうちに乗せてくれる救助の船だとつくづく思う。

（二〇二二年一〇月）

コロナとのもうひとつのたたかい

保育園のある先生から、今年の卒園式は四年ぶりに以前と同じにできたと聞いた。人数制限もなく、みんなで歌も歌えたということだった。それはよかったね、と言ったら、保護者の方たちもみんな感激していて、先生たちもようやく以前にもどったとよろこぶ人も多かったけれど、年長さんは一か月も前から毎日朝から練習であそぶ暇もなく、なんだかざわざわしていて疲れていた、というのだ。それでもその子どもたちが、当日はやはり晴れがましい顔をしているようにも見えて、複雑な気持ちになったという。

この三年、保育園では、密になること、いっしょに歌ったりしゃべったり食べたりすることは、コロナ感染の危険が大きくなるということですべてやめになった。それに加えて、外部の人たちが接触することで危険が増すからと保護者なども園内に入れなくなり、行事もことごとく中止になった。恐怖を感じながらの保育で、どこの保育園も徹底した感染対策を講じていった。それでもたくさんの保育園が感染者を出し、先生たちも保護者も子どもも、たいへんな思いをしながらの三年間だったと思う。

でも、先生たちはただ怖がってすべてを禁止したわけではなかった。子どもたちにとっては、この日々も育っていく大事な時間ととらえ、どうしたら感染リスクを避けながらも子どもたちと心がわくわくするような保育ができるかをたくさん考えた。みんなで相談し、迷いながらもこれまでまったく経験したことのない状況での毎日のあそびを生み出したりもした。布製のおもちゃは感染リスクが高いということで使えなくなっても、紙を使ってちいさなお人形をたくさん作ってあそんでいるというパートの先生もいたし、ブロックを買い足して半分ずつにして、午前中使用したものは消毒にまわし、午後は消毒済みのあとの半分を出してあそぶといった、園全体の努力で遊具の保障をしようとした園もあった。

そして、行事は多くの園が一年目はただ中止にするしかなかったが、二年目からはそれこそ手探りで作っていった。誕生会で集まれないけれど、お祝いの言葉と音楽を先生たちがひとクラスずつまわってやることを思いついた園もある。どうしてもみんなで歌ってあげたいと考えた園では、園庭にあいだをあけて並んで歌った。みんなに歌ってもらって誕生日の子どもはほんとうにうれしそうだったという。お泊り保育は無理でも、夜まで保育園にいてリクエストした夕ご飯を食べたりした。運動会は無理でも、クラス別のダンスなどを動画に撮って保護者に配信した。

そして、これまでやらなくてはとみんなが思っていた行事がなくなっても、先生たちがベテランも新人も子どもといっしょになって迷ったり悩んだりしながら考えた行事が、子どもたちを夢中にし、その育ちをたしかにはぐくんでいることを実感した先生たちは、日本じゅうにたくさんいる。行事ってなんだろう、保育ってなに？　という問い直しが毎日の園での生活でくり返しされたと思う。

以前の保育園の暮らしで、なにが大切でなにには変えてもよいことなのか、三年間をていねいにふり返れば、きっと先生たちには思うところがたくさんあるはずだ。

コロナ禍で私たちがたたかわなくてはならなかったのは、コロナそのものだけではなく、コロナだからと自分たちで考えることをあきらめ、上からの指示、命令に従う体質だったのだとあらためて思う。新型コロナに素人の私たちは恐怖のなかで、とにかく生き延びるために専門家や国家の発する指示に従った。でも、そうしたなかでも保育の専門家である先生たちが子どもたちのために自分たちで工夫し、生み出してきたものは、なにもできなくても仕方がないとして保育を放り出さなかった証として、もしかしたら本人たちが思っているよりもずっと貴重なものかもしれない。

いま、それまでのやり方にスッともどるのではなく、この三年をたたかいぬいてきた自分たちを信じて考えてほしい。子どもたちはどんなとき、もっとも輝いていたのかを思い出してほしい。

（二〇二三年五月）

とくべつメニュー
・やさいどっさりカレー
・じゃがいもバター
・サラダ
・いっぽんきゅうり
・キャベツ
（しお・マヨネーズ）

いたずらの入るすきま

第二の断乳？

「上の男の子が両方のおっぱいをぎゅうっと両手で思い切りつかむので困ってます」と赤ちゃんのおかあさんが言った。ある市町村の事業としてやっている親子のための講座でのことである。「触らないで！　と言うとますますひどくなって私のからだ中どこでもかまわず、といった感じで触ってくるので、毎日振り払っているのですが、なにかやめさせるよい方法はないでしょうか」。

「上のお子さんは何歳ですか？」と筆者がたずねると、「来月で三歳になります」とそのおかあさんが言った。「まだ二歳で下に赤ちゃんが生まれたら、上の子のもっとおかあさんに甘えたいという気持ちがそうした行動に出てくるのはあたりまえではないかしら？」と筆者が言うと、「でも、来月でもう三歳ですよ！」とおかあさんはくり返した。

じつは、その子が二歳になる前、下の子の妊娠がわかっていわゆる断乳をしたのだそうである。とてもたいへんだったそうで、泣き叫ぶわが子はかわいそうだったが、しかたがないとおかあさんもがんばったらしい。

一年に二度もおかあさんから引き離されるできごとがあったのだなと、上の子の気持ちを考えていたら、おかあさんは、「保健師さんに相談したら、二回目の『断乳』をやってみる？　と言われた」と言う。「二回目の断乳って？」と聞き返すと、おかあさんのバリアゾーンをつくって、ぜったいこれ以上近づいてはいけないということを徹底して言い聞かせるのだ、ということである。つまり、おかあさんにぜったいに触ってはいけない、ということを一定期間徹底し、触ったらはっきり拒否するということらしい。目の前に、その胸に飛び込んで抱きしめてほしいおかあさんがいて、赤ちゃんを抱いている。でも自分はぜったいにおかあさんに触ってはいけないなんて、子どもにしてみたらこんなに理不尽でつらく悲しいことはないだろう。それこそ、まだ三歳だけれども、こうしたことに深く傷つくには十分「もう三歳」でもある。こんな話は聞いたことがなかったので、筆者はおどろいて、それだけはやめてもらわなくては、とあせった。

さらに話を聞いていくと、おかあさんのなかに、上の子のこの触り方は異常なのではないか、という心配もあるし、なによりも感覚的に上の子に触られるのがイヤと感じていることもわかってきた。触られることに対する過敏なども出産前後の女性の特徴として出てきているのかもしれない（インターネットには同じような悩みがいくつも出ている）。その子が一人だったときには抱っこしたりすることにまったく抵抗はなかったそうなので、下に赤ちゃんが生まれた途端、だれでもおかあさんは上の子が急に大きく見えてしまうよね、ということをほかの人も話してくれた。

おかあさんが心穏やかでいられるためには身近なおとなたち（とくに子どものおとうさん）の支えがほんとうに必要である。いくら、それではお子さんがかわいそうだと力説しても、そうすると、上の子に触られるのをつらいと思う自分を責めなくてはならなくなる。出産というのは、文明が進んでいる現在でも、人間の自然そのものである。だから、いまは時が過ぎるのを待つことも大切なのでは、と思った。同時に、おとなたちだけで、子どもになにかをやめさせようとか決めて、おとなの権威を使ってどんなことでもできてしまうような錯覚をもつことから私たちは卒業しなければならない、とも考えた。

「まず、そのくらいの年齢でおかあさんのおっぱいを触りたいとかはまったくおかしなことではなく、そういう子はそれこそたくさんいることはわかってね。そして、触られるのがいまはいやだったら、ごめんね、いまはやめてほしい、と子どもに頼むことはできるかもしれない。大丈夫な範囲でいいから、なるべく抱っこするとか手をつなぐとか、上のお子さんに、とまどいも甘えたい気持ちもわかるよ、わかってるんだよ、という気持ちでおとなみんながかかわるようにしてみたら」と、あまり役に立たないアドバイスをした。でもお願いだから、第二の断乳だけはしないでほしい。

いたずらの入るすきま

三、四人の中高年の方たちと話していたとき、なぜか中・高校生くらいのころのいたずらの話になった。

よくギャグなどに使われているが、黒板消しを教室の入り口のドアの上のほうに挟んでおき、先生がドアを開けて入ってきた瞬間に頭上に落ちる、といういたずらをやったという人もいた。その話をしたのが元園長先生で、りっぱな方だったので、なんだかみんな、そのギャップが新鮮で笑った。

別の人が、みんなで示し合わせて自分たちの腕時計を一五分進めておき、「先生、もう授業、終わりの時間です」と言って腕時計を見せたら、先生は自分の時計が違っているのだと思い、「そうか、じゃ、今日はここまで」と授業を終わりにして帰っていった、という話をした。あとから叱られなかったの？　と聞くと、なんだかあまり叱られた覚えがない、自分たちは成功した！　とみんなでよろこんだ記憶はあるのだけれど、と言った。いま思い出してもおもしろかったという感じで話しながら笑っていたから、よほど楽しかったのだと思う。

筆者にも高校時代にはそれらしい思い出がいくつもある。うろ覚えだが、校舎の三階の教室の窓から、たまたま下を通る先生の頭をめがけてちいさくなったチョークを落として（三階からだと意外とむずかしい）、だれかの落としたものが当たると先生が上を見あげるのでさっとからだを引っ込める、ということをした。何回かやったので、わざとだと先生にもわかって教室まで叱りに来たような気がするが、叱られたことはあまり覚えていない。

全校生徒の恒例のマラソン大会が、秋の終わり頃の天気の良い日におこなわれていた。田んぼや畑、雑木林、農家のある里山の地域を走るコースで、全校生徒が集合して話される諸注意のなかに、コースの道の周囲にある柿の実をとって食べたりしないように、というものがあった。そういうことをした先輩もいるのか、となんだかおかしかった。

マラソンが好きでない生徒も結構いたと思うが、全校をあげての行事のわりにはどこかのどかで、いやなことを無理やりやらされているという感じが少なかった。

また、宿直室でよく麻雀をしている先生たちがいたのだが、生徒会の役員たちで、出口に霞網《かすみあみ》をはり、「あさすずめをとろう」などと言っていたこともうっすらと思い出す。網にかかった先生もいたはずだが、叱られた覚えはない。

これらの一〇代の子どもたちの学校でのいたずらがなつかしく思い出せるためには、怒られることは承知しているが、それで教師たち全体から人格を全否定されることはないという一種の信頼と、仲間がみんなでちょっといたずらしてみようという前向きな連帯意識がないと成り立たない。いたずらは、相手を困らせるつもりがあってするわけであるが、大きなダメージを与えようとするものではなく、マイナスの感情から関係を断ち切りたいというものとは反対の、どこか親しみを込めた気持ちであったように思う。

若い人たちに聞くと、一部の生徒が先生にダメな奴と思われて、授業中になにかあったりすることはあっても、だれもいたずらにワクワクするなんていうことはなかったと言う。

教師と生徒の関係が、勉強だけでなく、学校での態度、校則などをきちんと守っているかなどが成績評価にそのままつながり、内申書に書かれてしまうという、評価する者とされる者という関係のなかでは、こうした〃いたずら〃は存在できないのかもしれない。第

一、みんなで叱られるとわかっているけれどやってみよう、と合意する連帯感をもつこと自体ができなくなっているのではないだろうか。

行動に○か×かをつけてしっかり守らせようとする保育や教育の息苦しさのなかでは、〝いたずら〟は生きていけないのかもしれない。

ちょっと危険なあそびの思い出

「屋外でのあそびや集団のあそびが、子どもの脳を育てる」というテレビ番組を観た。カナダが二〇一九年に制作したドキュメンタリー番組で、最後のほうを見落としたので、全貌を正確に把握できていないかもしれないが、少しだけ紹介したい。

まず哺乳類や鳥、はちゅう類や魚があそぶようすを紹介している。そして、アメリカの動物の研究者は、あそびと判断するポイントを定義して、①行動に明確な理由がない、②何度も同じことをくり返す、③ときに大げさになる、④自然発生的である、⑤ストレスがない状態でおこなわれる、の五つを挙げている。

また、ラットやハムスターの実験で、子ども同士でいると彼らは追いかけっこや格闘ごっこを盛んにやって育つが、おとなのなかに一匹だけ入れて育てると、脳の前頭葉皮質の発達に差が見られ、子ども同士であそぶ機会のなかった個体は、おとな同士の格闘に負けると立ち直れず、次に出会ったとき、怖がってすぐ降参してしまうとのことだった（前頭葉は、意志決定や判断、意欲などをつかさどるとのこと）。

とくに興味をひかれたのは、ノルウェーとカナダの研究者が共同でおこなっている研究で、子どもにとってのリスクの役割を検討するものである。はじめは、子どものケガを予防するために必要なことをあきらかにしたいと考えていたが、研究をつづけるうち、リスクを伴う行動こそが、ケガの予防に重要だということがわかってきたという。二人は、危ないあそびのジャンルを六つ挙げている。①荒っぽさ、②危険な要素（たとえば焚火）、③速さ、④危ない道具（たとえばのこぎりやかなづち）、⑤単独の冒険、⑥高い所、である。番組では、幼児たちが先生たちと森に出かけ、ソリに二、三人いっしょに乗ってころげたり、傾斜のきつい斜面をずり落ちながら登ったり滑って下りたり、焚火を囲んでサンドイッチを食べ、高い所にのぼるのは怖くなかったか聞かれて、おなかがムズムズした、ドキドキした、と楽しそうに話している場面が映っていた。

危ないあそびはケガをする可能性があるが、新しい世界を知り、自分の力を試すチャンスでもあり、子どもは恐怖心を制御することを学ぶと番組は言う。一九八〇年代、テレビゲームが登場した時期の世代がいま子育てをしている。〝危ない〟経験が足りないため、わが子を危険から遠ざけようとばかりしてしまうのではないか、怖くておもしろい経験が人を育てるのに、と。日本の保育園や幼稚園でも、〝怖おもしろい〟あそびを大事にしてきた園はけっこうあるが、たしかにいま、失う危機かもしれない。

番組を見ながら、ふいにある光景が思い出された。筆者が小学四年生くらいだったろうか。近所の友だちと三人で、ひろばであそんでいた。そこは資材置き場で、コンクリートの大きな土管がいくつも置いてあった。私たちが精を出していたのは、その土管を三人で、力を合わせて押してころがすということだった。とても重たくて、力を出し切らないと動かない。しかも、セーノと力をうまく合わせないと動かない。ほこりまみれになりながら、一生懸命三人で押し、ゴロンと動く手応えがなんともいえず、やっと動かしてはまた元の場所にもどすことを、日暮れどきまでやっていた。土管のなかで、小遣いをもらっている子が買ったアイスをもらって食べたりもした。わが家はお金がなかったので、アイスを買って外でかじる経験は貴重だった。このミッションは、何日目かに工事のおじさんに見つかり、危ないだろ！　と怒鳴られておしまいになった。いま考えると、もしだれかが下敷きになっていたら……と怖くなる。なぜあんなに熱心にやったのかもわからない。

当時の筆者がなにを思っていたのか、おとなになって長い年月の経った筆者には、もはやさっぱりわからない。でも、一〇歳くらいの女の子が三人でいっしょうけんめい土管を押している姿を想像すると、子どもってやはり想定外だと思う。

わが子であっても別の人、と知る瞬間

人はみな、それぞれにほかにはない固有の人格をもつ一人の人間であり、どの人も人として尊重され、だれもその人の権利を侵害してはならない、とはだれもが知っている。それでも私たちは、自分とまったく違う感覚や意見、行動に出会うと、なかなかそのことがストンと理解できない。相手が親子、きょうだいなどとなるとさらに思い込みが強くなり、違いが認められなくなる。

筆者もそうした間違いをたくさん犯してきた。たとえば単純に、筆者も筆者の連れ合いもかけっこがはやかった（お互いに自己申告ではあるが）ので、わが子たちはとうぜんかけっこがはやいと心のどこかでしっかり思っていた。乳幼児期にはわからなかったが、学校に入ってから運動会などで徒競走やリレーなど、走るはやさを競う競技が出てくると、か

けっこがはやいかそれほどでもないかが一目瞭然である。そのことの是非は置いておくとして、筆者は、わが子が風を切って走り、一番になるのを予想した。だから、いっしょうけんめい走ったわが子が後ろから二番目でゴールしたのを見たときに、なぜかびっくりした。

もちろん嫌味を言ったりはしなかったつもりだが、親から自分は子どものころ、かけっこがはやかったんだよ、などとこうした状況で自慢されたとき、子どもはどんな気持ちがするだろうとほんとうに考えたかと言われると自信がない。いま思い返せば、きっとイヤな気持ちだったに違いない。なぜなら「じゃあ、どうしてそのはやい足、遺伝しなかったんだよ」と言われたのをかすかに覚えているからだ。そのとき筆者がなんと答えたのかは、まったく覚えていない。そして、わが子でも別の一人の人間なのだ、ということを身に染みて思い知るには至らなかった。

子どもたちが育つ過程で、健康とか勉強とか進路とか部活とか友だち関係とか、気をもむことはたくさんあっても、そこそこ彼らを認めていると思っていた。そして、共有している感覚もたくさんあると思っていた。しかし、娘が大学を出てアルバイトをはじめたある日、なにげなく出された手の指に真っ青なマニキュアが塗られていて、筆者はとびあがるほどおどろいた。筆者の生活は化粧などとは非常識なほど無縁だった。その瞬間、ようやく、ああ、この人は、私とまったく異なる感性と人生観をもち、自分の世界を歩いている別の人間なのだと思い知ったのである。

それから気をつけてみていると、前と後ろで長さが大きく違うスカートや、西部劇に出てくるような鋲《びょう》のついたブーツなどを履いているのを発見した。

娘が高校生のころまで、洋服はいっしょに買いに行き、「大草原のローラ」みたいな服を筆者といっしょに選んでいた。彼女はとても慎重で、なかなか決まらず、あちこち歩きまわってこちらがヘトヘトになることはあったが、最後はそのような雰囲気の服に決めた。

それこそ麦わら帽子をかぶって草原を歩いたらとても似合うだろうと筆者は思っていたし、いろいろな場面ではっきりものを言う娘だったので、彼女も満足していると勝手に思っていた。でも、その真っ青に塗った指先を見てから、もしかしたら彼女は私の好みに合わせていたのかもしれない、とも思うようになった。あるとき、どんな気持ちでなかなか奇抜な洋服を着るのかと聞いたら、いましか着られない服があると思うから試してみたいのだと言った。そしてやがて、ほとんどいつもジーンズで会社に行くように落ち着いた。筆者の着てきたものはあげると言ってもいらないと言われてしまう。いろいろな場面で考えが違ったりして、たまに家族で旅行したときには彼女はこちらの計画の甘さにイライラして疲れてしまう。それでも、新型コロナを運ぶといけないからと会えないなかでもときどき気遣ってくれる。

真っ青なマニキュアが突きつけてきたのは、自分だけの感性を思い切り表現したいという勇気ある自立への表明だったのかもしれない。親子でも、人はそう簡単にわかりあえないもの、それをもっと深く自覚してほしい、だからこそもっとわかりあおうとしてほしいと。

わが子の泣きと〝和解〟するまで

元保育士さんが、わが子の「泣き」についておかあさんの立場で体験してきたことを書いてくださった。了解を得たので紹介したい。

保育園で子どもが泣いたとき、先生たちはまず、なぜ泣いているのかを心配する。ケガをしたり、具合が悪ければすぐに手当が必要だからである。また、ほかの子とのかかわりで（たたかれたとか、おもちゃを取られたとか）泣いたのなら、あいだに立って解決の道を探さなくてはいけないと考える。

でも、子どもが泣くのはこのようなときだけではない。乳児期のいわゆる黄昏《たそがれ》泣きや夜泣きのように、原因のわからないものもある。また、原因は推測できてもその願いを叶《かな》えてあげられないこともある。泣くことで気持ちや意志を表す年齢の子どもたちがいるのが保育園なので、一日じゅう、子どもが泣くことにおとなのだれかがかかわっている。

でも、そのおかあさんは保育士時代も悩んだけれど「わが子のこととなると、悩みの深さの次元が違いました」と書いている。一般的に見たら穏やかな赤ちゃんだといえるそのお子さんは、夕暮れには長く泣きつづけ、家事をしながら毎日その泣きにつき合う彼女は、いつも「なんとか泣かせずにいられないものか」「頼むから泣きやんで〜」と思っていて、どうして泣いているかを察しつつも、いかに泣かさないようにするかを考え、先まわりしてかかわるようになっていったという。

幼児期になってからも、ふだんは落ちついていても、泣きだすと止まらないことがしばしばあり、おかあさんの気持ちも複雑で、「受け止めてあげなければ」と思ういっぽう、「こんなに長泣きさせたら周りになんて思われるか」「もう年長なのに……」と相反する気持ちも浮かんできて、ずいぶん葛藤していたそうだ。

転機はふたつあった。ひとつは、当時通っていた幼児教室のママ友にその悩みを話し、同様の悩みをもつそのママ友が共感してくれて、『ちゃんと泣ける子に育てよう』という本を貸してもらったことだった。自分の悩みをズバッと言い当ててくれて、わが子の「泣き」を肯定的に受け止められるきっかけになったという。

もうひとつは全国幼児教室交流集会で、講師の先生に直接悩みを相談したことだった。際限ないわが子の甘えにどう接したらよいかという問いに、それは子どもが必要だからやっている、だから、甘えてもらえることを誇ってもいい、満たされたらちゃんと卒業していくから大丈夫、と先生は言ってくれた。

「その頃から私は『どんなにお兄ちゃんになっても泣いてもいい、甘えてもいい』と腹をくくったように意識を切り替えられたように思います」とそのおかあさんは述べている。

そのお子さんが小学校二年生のとき、読んだままの漫画がとても散らかっていたことにイライラしたおかあさんが、怒りながら、借りた本だからもう返してしまうよと言ってどんどん片づけはじめたところ、お子さんがひっくり返ってワーワー泣き叫んだ。おかあさんはそのようすを見て「これは大事な機会だ。しっかり聞いてやらねば」と思ったそうだ。

二年生のわが子を膝にのせて、「怒って片づけてごめんね。どうしてそんなに泣いて怒ったの?」と聞くと、四歳の妹にずっと読み聞かせをしていたのだが、「まだ、全部読んであげてないから返したらだめだった」と泣きながらもきちんと話してくれたのだった。

こんなふうに考えていたんだと思い、その気持ちに共感できておかあさんはなんだかうれしくなったという。その日は息子の願いに応えて、おんぶしたりいっしょにお風呂に入ったりした。それから四年、甘えはあるが、あれ以来大泣きはぱったりないそうだ。

「『泣き』は子どもを受けとめるいい機会だったのだなあ、と今になって思っています」と文章は結ばれている。生まれたとたんから子どものすべてを引き受けざるをえないからこそ、ちゃんと悩み、ちゃんと越えていく。そうやって獲得していく親子のしあわせを見せていただいた。

中学校のトイレの壁の穴と子どもの人権

ある中学三年生のおかあさんから、メールが来た。その方のご了解を得て、ここに紹介したい。

ことの発端は、建て替えたばかりの中学校の三階男子トイレの壁に大きな穴があいたことだった。一〇日後の学年だよりに「男子だけでなく学年集会でも何度も伝えた。やった人はまだ言いに来ていません。（略）本当に残念でなりません。このままでいいのでしょうか。（略）今回関わってしまった人は今からでもいいです、自分から先生に伝えてください。待っています」と書かれたが、やった人はわからなかった。学校は、数日のあいだに三回のアンケートを実施し、集会も開き「やったものはいないか」「見た人は名乗り出て」とくり返し訴えたという。

そして、アンケートなどから「穴があいた時間」が割り出され、その時間にトイレを利用した人の割り出しがはじまり、数人に絞られたなかに、その方の息子さんもいたそうだ。一人ずつ別の部屋に呼び出され、先生からくり返し質問され、途中で別室の子どもの話と突き合わせるために先生が行き来しながら、〝自白〟を促されつづけたようだ。

息子さんがおかあさんに語ったことが、メールに以下のように綴られている。「誰も僕の話を聞いてくれない。悲しい。犯人と仮定したうえで話されている。やっていない。本当に知らない。わからない。そう伝えても、何度も何度も同じ質問をしてくる」「僕たちがトイレによくいるから、廊下でもふざけているから、先生たちが疑うから、だからアンケートにも自分たちの名前がでるみたい。でも僕は本当に知らない」「いつもならだれか一人くらい先生が味方してくれるのに、今回は誰も信じてくれない。いつも悪いことするからって、そう思われてもしかたないんだよね」。

そして、おかあさんが一番おどろいたのは、「先生が言うんだ。今隠していることがあとからわかったりしたら、僕が関わったことがわかったら、受験の推薦はきびしいって。言うなら今だぞ。最後まで疑われていて良いのか？　って」ということだった。

翌日、夫婦いっしょに学校に行き、校長、担任と話し合ったという。校長先生の発言は、「大きな穴を見てショックで泣きそうになった」「やってしまった人が名乗り出ない。どうにか名乗りをと待っていたのに。アンケートもトイレにいつ何時に行ったか等を書かせたりしながらするなかで、息子さんの名前が出てきたのです」というものであったという。

それでも思いを伝えて話をすすめていくと、「確信のもてる証拠がないまま追い込んだ」「アンケートをとっても情報が出ないという焦りはあった」「この話のなかで受験のはなしを出したことは間違いだった、すみませんでした」「どっかから実は僕が……と名乗り出ないのがショックでした」「三年間いろんなことをやってきたのにうまく子どもたちに伝わっていないのがショックでした」「先生たちは知っている情報がほしいという思いだけでやっていた」「配慮がかけてしまっていた。傷つけたことは申し訳ない」ということばが出てきたという。

子どもの心よりトイレの壁の穴が重要事項なのか、犯人さがしばかりに必死になる学校の先生たちを見て、これでは子ども自身が感じた「だれも聞いてくれない。悲しい」という傷は消えることはないだろう、とおかあさんは訴える。

トイレの壁の穴を見たとき、この穴が訴えているものはなんだろう、子どもたちがなにか苦しい思いをしているのではないか、となぜ少しも考えられないのか。子どもたちの気持ちにきちんと向き合えないおとなしかいないところに、だれも名乗る訳がない。まして、子どもが否定しているのに犯人扱いするなんて！

メールは「（息子さんの）三年間の中学生活でなりたいおとなの見本はどのくらいいたのか、おとなに話せば解決してもらえるとどのくらい思えたのだろう。あらためて子どもの人権について考えてほしいと提起しました。自分の中でもまた考えようと思いました」と結ばれていた。せめておとなの一人として、がんばるご両親と息子さんを応援したい。

子どもたちがおひさまをたっぷり浴びて存分にあそぶ権利

先日、「第二七回あいち保育と子育てのつどい」にオンラインで参加した。

みんなでつどいをやって、みんなでつながろうとする意欲と、つどいをつくるプロセスを目いっぱい楽しもうとする保育者や保護者たちの笑顔と子どもたちの笑顔がたくさん映し出され、音楽やダンスなどを通して、仲間のなかにいることのしあわせと子どもを守ろうというある種の覚悟とがパソコン画面いっぱいに広がって、思わずこちらも笑顔になった。

開会のあと、特別報告として弁護士の川口創さんの「子どもたちを大切にする社会を展望して〜豊かな保育実践には社会を変える力がある〜名古屋教会幼稚園のおひさま裁判が示していること」と題した短い講演があった。

二〇一六年三月、名古屋教会幼稚園のとなりにあった古い建物を壊して、高層マンションにするという計画が持ちあがった。そうなると、幼稚園の園庭に太陽光が当たらなくなってしまい、ビル風も、道路もはさまずに大きな建物が建つことでの圧迫感も強くなるだろうことは予想できた。幼稚園と保護者はすぐに動いた。おかあさんたちが中心となって反対運動をおこし、いったんは白紙撤回させた。

しかし、その二週間後、その土地を買い取った別の企業が、一五階建てのマンション建設を決めた。名古屋市にも、マンションを建てようとしている企業にも、くり返し働きかけた。かたちとしては建築法に違反していないように見えても、子どもの教育施設などに隣接しているときには、その子どもたちの日々に悪い影響を及ぼす危険性があれば、それは認められるべきではない、それについて、どう考えていくべきなのか、名古屋市にも訴え、企業との協議も重ねたが、二〇一七年七月、マンション建設は強行された。

二〇一八年三月、建築差し止めの仮処分を申請、三回の審尋で訴えたが、「子どもの育つ環境は大切だ」と述べながらも、「社会的受忍限度を超えない」として差し止めにはならなかった。

そして、二〇一八年の七月、裁判に訴えたのだ。川口さんの話によると、子どものあそびの大切さ、子どもが育つ環境の重要性などをわかってもらえるように、ていねいに訴えていこうと考え、名古屋の幼稚園だけでなく、保育園の先生や子どものあそびの重要性についての専門家の知恵も集めたという。一二回の口頭弁論でも、風害の専門家、日照環境の専門家、環境建築家に加えて、子どもの権利としてのあそびの専門家などにもそれらのことを語ってもらっている。第二回口頭弁論がおこなわれた二〇一八年一二月、一五階建てのマンションは完成してしまい、冬の寒い時期、園庭には、午前中しか日差しが届かず、強いビル風が吹いた。

幼稚園としては、すこしでも日当たりをよくしようと、園庭の南側の一角に昔から建っていた牧師館を取り壊した。

そして二〇二一年三月三〇日、画期的な一部勝訴の判決を勝ち取ったのだ。子どもが充実した戸外でのあそびを実現するためには園庭の適切な環境の整備・確保が必要不可欠で、「園児らは、第三者がみだりに侵害することは許されない法的利益として、適切な保育環境が整備された状況下での保育を享受する利益を有しているといえる」（川口さんのブログによる判決抜粋）とし、建築業者目線の日照権ではなく、もっとも児童の立場に立っている人たちと話し合って、対応策を「協議」すべきだったのを十分におこなわなかったとして、一部損害賠償を命じた。

川口さんはこの五年間の運動から学んだこととして、保護者の方たちが、子どもを守るためにあきらめなかったことがこの判決を生んだということ、ゆたかなあそび、保育実践のなかには、すでに子どもの権利条約があるのだと知ったということを話された。権利としての子どものあそび、権利としての保育園や幼稚園の子どもの暮らし、という視点で考えたとき、おとながこのくらいはしょうがないとあきらめることは、子どもの権利を私たちがうやむやに崩しているのかもしれない、と背中がぞくっとした。

散歩での子どもの置き忘れ

ずいぶん前だったと思うが、ある保育園で二歳児の散歩のとき、子どもを置いてきてしまったということがあった。近くの人が保育園まで連れてきてくれ、子どもは無事だったが、新聞のニュースとしても報道されて大きな出来事になり、当該市議会でも報告された。その報道では、前と後ろの二つのグループに分かれて散歩に出たが、帰り道、後ろのグループの子どもたちが前のグループを追い越し、一番後ろにいた先生があわててその子たちの先頭に行ったとき、後ろにいた子どもを置いたまま園に帰ってきてしまったということらしい。

そんなことありえない！　と思う人が多いだろうが、担任は三人ともそれぞれ目の前の子どもの着替えなどをして、近くに住む方が子どもを連れてきてくれるまで、いない子どもに気づかなかったという（これも、置き去りの事例では意外とあるようだ）。担任だけでなく、園長も、議会で問題になってからは市長も保育園の保護者に謝罪したが、その二歳児クラスの保護者からはとくにきびしい意見が寄せられ、託すことへの不安と園への不信は大きかったという。

なぜそのようなことが起こったのか、市の報告書を筆者は読めていないが、人数確認を怠ったことなどが反省され、保護者の不安が強かったこともあって、担任は変わっても、そのクラスは卒園するまで、ほかのクラスと合同でないと散歩に行けなかった。当時の職員の方は、このクラスが卒園するまで、行事でもなんでもこのクラスに関しては園内にはいつも緊張感があったという。

じつは、子どもを置き忘れてきてしまった原因の大きな要素に、職員同士がうまくいっていなかったことがあったと言われる。ほとんど口もきかないほど関係が悪くなっているなかで、それぞれのグループを率いて散歩をし、連携ができていないため、子どもの行動がちょっと想定外になったとき、そのことをみんなで共有できなかったのだと思う。

だれもわざと子どもを置き去りにしようなどと思う保育士はいない。それでも実際にはこのようなことになった。大きなケガや誘拐など、子どもに危害が及ばなかったのはさいわいだったとしか言えない。そして、クラスの保護者も日ごろから職員の関係がよくないことを知っていたというのだから、これは偶然ではなく、いずれ、どんなかたちかで起こりうる出来事だったということになる。

なぜ、いまごろ、こんな古い話を書きたくなったかというと、最近、そのときのことをくわしく知っている方とたまたま話していて、このとき、園の職員が、子どもはどんな思いをしただろう、と考えることがどんなにむずかしかったかを知ったためである。職員関係がうまくいっていないとき、往々にして、当事者はもちろん、まわりもそうしたおとなの関係ばかりに気を取られて、子どものことを忘れている。

このとき、あまりの騒動の大きさに、おとなはピリピリし続け、子どもたちはなにも言えなかった。そして、おとなたちは、安全確認などには細心の注意を払ったが、なにも言わない子どもたちの気持ちには思いを馳せることができなかった。置き去りにされた子が初めて「ここであそんでいたとき、先生がどんどん行っちゃったんだよ」と話したのは、その子が年長になってから、それもこの出来事に胸を痛め、子どものためにもっときちんと話し合おうとずっと努力を重ねてきた先生に、そっと言ったのだ。

子どもたちは、置き去りにされたことにもおとなの剣幕にもおどろき、これは口にしてはいけないと感じて二年以上なにも言わなかったのではないか、自分たちおとなは、子どもたちがどれだけ傷ついたのかを思うことができていなかったのだと、その先生はそのとき思ったそうだ。

保育園の職員関係は、子どもぬきの解決はあり得ない。保育という仕事の本質と職場の民主的な人間関係とは、ふつうに思う以上に深く結びついているのだ。うまくいかないとき、当事者はみな苦しむのに、解決の糸口をあきらかにしきれないことに筆者も自身がもどかしい。

困難を切り開く鍵

3・11で流された福島県いわき市の保育園の再開

二〇二〇年一月二五日、二六日に「第三八回福島県保育・子育てのつどい」が、いわき市で開かれた。

福島の保育関係者はみんなどうしてもこのいわきの豊間保育園（豊間中学校のなかにある）でこの集会をやりたかった。なぜなら、この保育所も中学校も、二〇一一年の3・11のとき、津波で流されてしまい、八年経ってようやく高台に移して再建され、再開できた場所だったからである。

おひさまがあたたかく、秋の台風被害で延期になってもめげずに集会を準備し、開いた人たちを祝福しているような日だった。

はじめに子どもたちが歌い踊って、私たちにいっぱい元気をくれた。

つぎに震災当時、豊間保育園で保育をしていた先生と、その日、小学生のわが子とともに津波から逃げたおかあさんが当時のことを話してくださった。

先生は、マイクの前に立ってからしばらくなにも言わなかった。泣くのを必死にこらえていらっしゃるのがわかった。いっしょに登壇したおかあさんが寄り添い、園長先生が背中をさすり、会場はその沈黙の訴えに耳を傾けてしーんとなった。

そして話してくださったのは、地震が起きたとき、子どもたちはまだ昼寝中で、大きく揺れる園舎のなかを子どもたちの寝ているところへ走ろうとしたけれど揺れがひどくてなかなか走れなかったこと、子どもたちを着替えさせてみんなで八幡神社をめざして行ったこと、そして、親戚のおじさんに道で会って、「どこに行くんだ？」「八幡神社」「気をつけて行けよ」「おじさんも気をつけて！」と言って別れたこと、それがおじさんの姿を見た最後だったこと、途中で小中学生といっしょになり、子どもたちを助けてくれたこと、神社の階段をあがったとき、真っ黒い水がすぐ下まで来て、油臭かったことなどであった。

避難所になっている豊間小学校に着いたら、床が冷たかったけれど、はずしたカーテンやマットレスを持ってきてくれたこと、だれかが差し入れてくれた板のついたかまぼこをみんなでかじっておいしかったこと、保護者に携帯で連絡して、迎えにきてもらったこと……寒かったその日の先生たちと子どもたちの情景が鮮明に浮かんできた。

おかあさんは、仕事場にいるとき地震が起きて、道路が波打ち、トラックがジャンプするのを見たそうである。いそいで小学生の息子さんを車で迎えに行き、高台へ避難しようとしていたとき、下校途中の子どもたちに「車に乗せてください」と声をかけられたという。でも、見たら何人もいて、とても乗せきれる人数ではなかった。「たくさんすぎて乗せられないけれど、もう少し行けば大丈夫だからがんばってね」とその子たちに言って別れたが、その子たちが無事かどうかがずっと気にかかって、新聞の死亡欄を毎日見ていたのだそうだ。でも、じつはその子たちがだれなのか、顔も名前も知らなかったので、確かめようもなかった。ずっとあとになって、全員無事だったことがわかってホッとしたという。

そして現在、下のお子さんが豊間保育園に通っているが、あの日のあと、自分の子どもが通う学校や保育所、地域の子どもの顔や名前は全部覚えようとしてきたというのである。いつも知っている子だったら、緊急事態のときも、おとなとしてもっとなにかできるかもしれない、だから、あれからずっとほかのクラスの子も覚えるようにしているし、地域の子どもたちを守り育てる保育所や学校を大切にするために、役員などもやって積極的にかかわるようになったと話してくださった。

聞いていた私たちは、思わず涙し、そうした実践的な強い決意と行動に圧倒された。そして、この話を一心に聞いている一人ひとりにとって、それぞれ口にすることもできないほどのつらいこともふくめた大きな出来事や思いが詰まっている九年間なのだろうと思うと、どれほどがんばってこのつどいを開いたのかをあらためて想い、自分自身の問い直しをしないではいられなかった。

それでもWebでつながった福島合研

毎年、八月上旬に地域を変えておこなわれる全国保育団体合同研究集会（保育合研）は、今年（二〇二〇年）は福島のはずだった。

だれもが知っている通り、二〇一一年三月一一日の東日本大震災の被害のなかで、福島はその後、特別に世界に名前を知られることになった。東京電力・福島第一原子力発電所が津波によって破壊され、爆発を起こして放射能が噴出したからである。放射能に対して、どのように対処すればよいのか、だれにもわからない。だれも答えられない。そして、保育園は？　どんな保育をしたら少しでも子どもたちを守ることができるのか、だれもが初めてで、行政もなにも示してくれなかった。保護者のあいだでも、保育園とも意見が分かれて苦しいこともたくさんあった。社会にはいわれなき差別も多く起こっている。

そんななか、保育園では、保護者といっしょになって、自分たちで専門家を呼んでくり返し学習し、専門家の力をたくさん引き出しながら食べ物にふくまれる放射性物質の量、園庭の線量、散歩コースの線量など、あらゆるものを測定し、そして、そのとき大切なことを子どもに保障しようと、保護者も総出で園庭の線量を減らす工夫をおこなって園庭あそびを確保するなどがんばった。保育合研などでつながった全国の保育園は、なにかできることはないかと自然とのふれあいを助けようとして、汚染されていない植物などを送った。ダンゴムシを送った園もあった。

こうしたたたかいはかたちを変えたりしながらも、現在もつづいている。保育合研を福島でやろうという話が持ちあがってから福島の保育者たちはなんどもなんども話し合い、無理だとも思い、悩んだ。でも、この、逃れようもない現実のなかでたたかいつづけてきたその内容や確信となったものを、やはり全国の仲間と分かち合おうと決心して、大きな集会を担う決意をしてくれた。そうした特別の思いに全国の保育者たちも期待し、ふだんは参加しない人たちもぜひ参加したいと言っていた。しかし、新型コロナ感染は日本じゅうで拡大し、断念せざるをえなかった。

でも、このままその日を黙って過ごすのは悔しい。まもなくＷｅｂ合研というものが企画され、開会からシンポジウム、記念講演予定だった安田菜津紀さんのお話、そしてWebでの発言や各地からのあいさつなど、顔も見えるなかですすめられたのだ。「青い空は」という、合研でかならず歌う平和のための歌も、全国の仲間が歌う顔を次々と映しながら流れたのである。予告されていたため、日本じゅうでたくさんの人がリアルタイムで画面を見つめたという。福島の人たちは、当日、ほんとうなら会場を駆けまわっていたであろう手作りのTシャツを着て、地区ごとに集まり、分かれて企画に参加していた。筆者にとっても親しい顔がいくつも見えて、なんだか目頭が熱くなった。

保育者にとって、やはり保育合研は特別なのだ。これまで、筆者も四〇年近く通っているこの集会に、どれだけ励まされたかわからない。地元埼玉が開催地だったときには二回とも要員Tシャツを着て、みんなの後をついて駆けずりまわった。いくら三日間の予定が半日になっても、直接会って、お互いのがんばりを励まし合い、語り合い、来年の再会を約束することが叶《かな》わなくても、Webであっても確かにいまをがんばる仲間たちが存在するのだ、気持ちはみんないっしょなのだ、と感覚として実感できる集会であった。福島の方たちの、準備してきたのに開催できなくなった無念も、だから共有できる。きっと全国からの応援の気持ちは伝わったに違いない。

この晩、「メールしようと書きかけたけど、やっぱり声が直接聞きたくなっちゃった」と友人から電話がかかってきた。Ｗｅｂ合研を見て感動し、ほんとうは福島でいっしょにいるはずだったけど、でもとってもなつかしくなって……と涙ぐんでいるような声だった。

一人ぼっちに見えても自分のところでふんばっていれば、このようにつながっているのだ、と感じさせてくれた合研に感謝したい。

担任の保育士に常勤者がいなくてほんとうにいいの？

二〇二〇年一二月二一日に厚生労働省から発表された「新子育て安心プラン」に、びっくりすることが書いてあった。

「魅力向上を通じた保育士の確保」という欄に「短時間勤務の保育士の活躍促進」というタイトルで、「待機児童が存在する市町村において各クラスで常勤保育士1名必須との規制をなくし、それに代えて2名の短時間保育士で可とする」とあったのだ。

「短時間勤務の保育士の活用」という見出しの資料を見ると、現状でも保育園の保育士の配置で、最低基準上の定数の一部について、短時間勤務（一日6時間未満または月20日未満勤務）の保育士を充てても差し支えないこととされているが、それには条件があって、「①常勤の保育士が各組や各グループに1名以上（乳児を含む各組や各グループであって当該組・グループに係る最低基準上の保育士定数が2名以上の場合は、1名以上ではなく2名以上）配置されていること、②常勤の保育士に代えて短時間勤務の保育士を充てる場合の勤務時間数が、常勤の保育士を充てる場合の勤務時間数を上回ること」が必要である。

要するに、担任一人は常勤でなくてはならない（乳児クラスで複数担任ならそのうち一名は常勤）ということになる。

この要件①について、規制を撤廃し、一名の常勤の保育士にかえて二名の短時間勤務の保育士を充てても差し支えないというのだ。条件は、四月一日時点の待機児童数が一人以上である市区町村において、常勤の保育士が十分に確保できずに子どもの受け入れができないなど、「市区町村がやむを得ないと認める場合」ということである。

初めは、なかなか意味が呑み込めなかった。常勤の保育士一名のかわりに二名の短時間保育士をそのクラス担任にすることができる、ということは、クラス担任に常勤保育士がいなくてもよい、と言っているのだ（短時間勤務保育士は、この文言では非常勤と理解するのが自然である）。パートの先生だけでのクラス運営は、どうやっていくというのだろう（短時間勤務の人が保育士の質が悪いと言っているのではもちろんない）。

クラス担任は、年間を通して計画や日々の暮らしのあり方を、いまの自分のクラスの子どもたちに即して考え、一人ひとりの子どもを継続的に、ていねいに見ながら実践していく。保護者ともつながりをつくっていく。子どもとかかわるのはもちろん、保育の計画や実践の記録、まとめ、職員間で検討するための話し合い、一人ひとりの成長記録、実習生の指導など、直接かかわること以外の、でもそれなくしては保育が成り立たないたくさんの仕事は、短時間勤務のなかではできっこない。逆に、パートの先生たちは、そうしたことをふくめて全部責任をもたなくてはならないとなったら、働けなくなる。こんなキツイ短時間勤務、パートはありえない。

一人の常勤より短時間であっても二人のほうが人数が多少増えて仕事が楽になるのではないか、という安易というか保育の仕事を尊重していないというか、そんな考えがうかがえる。

二〇二〇年一〇月五日の第五三回子ども子育て会議に提出された「保育の現場・職業の魅力向上検討会」の報告書には、「シニア人材の活用の推進」と題して、保育士資格を取ったシニアのなかには経験や知識を活かして保護者とのやり取りも上手にできる人もいるとして、「週3日働けるシニアの保育士を2人確保すれば、1人のフルタイムの保育士より多くの仕事ができる」とある。これも、常勤の保育士の仕事をわかっていない（か、わからないふりをしている）としか言いようがない。

　このような論調で「改革」がすすむなら、常勤保育士の負担はさらにいまの何倍にもなり、とても元気で働きつづけられるような仕事ではなくなり、離職せざるをえなくなる。保育園の先生たちの日々の努力を逆なでするような施策のひずみをかぶるのは、先生たちはもちろん、間違いなく子どもたちであり、親たちであり、日本の将来であると思ったらいても立ってもいられない。

保育園の存在意義の証明

ある保育園で、卒園して一〇か月経った一月、卒園生の親子が二組、金曜日の夕方に保育園に行ってもいいかと連絡してきた。園長先生はもちろんOKして、異動してほかの園にいる前の年の年長の担任の先生にも声をかけておいた。当日やってきた母子二組は、なつかしい先生たちと出会っておおいによろこんだ。子どもたちが旧担任たちとあそんでいるあいだに、Mちゃんのおかあさんはせきを切ったように話しはじめたという。

Mちゃんが小学校に入学して一〇か月、担任の先生はMちゃんを理解してくれていたようだが、友だちとは必ずしもうまくいっていないようだった。おかあさんが心配していたのは、このところ、毎日おしっこが「もれちゃうもれちゃう……」と言って、朝、トイレから出てこないこともあるということだった。その日保育園の玄関に入るときも「もれちゃうもれちゃう……」と言って、本人は心配していたそうだ。泌尿器系の病気ではないらしいので、精神的につらいのかもしれないね、とおとな同士で話していたら、おかあさんがふと気づいて「いま、ちっともおしっこのことを言わない！」と言った。いっしょに来た友だちと、旧担任の先生たちとあそぶMちゃんは、はしゃいでいてとても楽しそうだったという。

いまMちゃんは学校でストレスが大きいと思うので、こうしてときどき保育園にあそびに来て充電させてあげて、と園長先生はおかあさんに話した。

帰るとき、園の先生たちが一人ずつ、Mちゃんをぎゅーっと抱きしめて「また来てね。待ってるよ」と声をかけた（もちろんほかの卒園生にも）。二組の親子は元気に帰っていった。Mちゃんは来てからあそんで帰るまで、まったく「もれそう……」と言わなかったようである。

その折り、園長先生は、おかあさんたちからやはり卒園生の小学校六年生のYちゃんが学校に行くのを渋っているらしいという話を聞いた。Yちゃんは、一学期のあいだに学校で具合が悪くなっておう吐したことがあり、そのことで友だちから「コロナだ、コロナだ」と言われてしまったらしいとのことだった。

翌日、園長先生はYちゃんのおかあさんに電話をかけてみた。朝、登校班といっしょには行けなくなり、夏ごろには、おかあさんが車に押し込んで連れて行っていたそうだ。いろいろたいへんだったが、いまは、同じ卒園児のSくんと教室の席が隣になり、なんとか落ち着いていて、中学は校風がゆるやかな私立の学校に行く予定にしているということだった。おかあさんは、最近、Yちゃんと妹（同じ保育園の卒園児）と二人して、保育園の運動会や卒園式のDVDを見ているとも話してくれた。

この三月、上の子から数えて九年間園に在籍し、下の子が卒園するおかあさんから、園長先生は手紙をもらった。紹介することを承諾していただいたので、一部だがここに紹介する。

「（前略）……コロナに揺れた二〇二〇年が、わが家にとっての△△保育園ラストイヤーとなりました。この一年で、改めて、△△保育園の本質に触れることができました。つねに子どもを第一に考えてくれること、時代の変化に合わせて柔軟に変わることをいとわないこと、守りたい価値観をしっかり守り続けること。

今年ほど、△△保育園に通ってよかったと思った一年はありませんでした。二〇二〇年の□□組（年長のクラスの名前…注・筆者）で良かったです。（中略）このあたたかい『△△

〔保育園の名前…注・筆者〕の大きなおうち』は、ずっとずっと変わらずにいてほしいです」

保育園は、子どもにとっては人生最初の六年まで、親にとっては子育ての初めの六年までしかかかわれない。その先のほうがずうっと時間が長く、悩むことも多いのに、ついていくことはできない。それでも、人生初めの六歳までをしあわせに過ごしたと感じ、いつになってもつらくなったら抱きしめてもらえると子どもにも親にも思ってもらえるって、保育園にとってこれほどやっていてよかったと思えることはないだろう。

ザリガニに聞かせる子守唄

新型コロナ対応で一年間ほんとうにたいへんだった保育園。一年経ったからといってコロナは収束したりはせず、ウイルスは自身の生存をかけて変異し、より感染力を強めていて安心できない。いま、本気で取り組んでいるとはとても言えない国の無策に、政府はさっさとあきらめていて、私たちは放り出されているのだとつくづく実感している。それでも、毎日子どもたちが来るかぎり、保育園はあきらめるわけにはいかない。

そんななかで、ある園長先生（A先生）から届いた保育園の日常のようすは、そうした暗くなりがちな空気を吹き飛ばしてくれるものだった。お願いして、ここに紹介させていただく。

四歳のRちゃんが、たまたま作業をしていたA先生に「Aせんせー、ザリガニってどうやったら捕まえられるのかなー？」と聞いてきた。

「えー！　いいこと教えてあげよっか？　ザリガニはねー、子守唄を歌うと寝ちゃうから、そのすきに捕まえればいいんだよー」とA先生。「（担任の）B先生にも教えてあげな」とさも秘密をひけらかすように言ったところ、案の定Rちゃんは一直線に担任のB先生のところに走っていき、なにやら話しているのが見えた。二〇分後、A先生のところにB先生がやってきて、「またいい加減なこと、子どもたちに吹き込んだでしょ！」とA先生は叱られた（この四月からA先生は園長になったが、権威をかざすような人ではまったくないため、先生たちも子どもも以前と同じように接しているようだ）。

ところが、じつはB先生は、Rちゃんの子守唄の報告に、A先生と話をあわせていっしょに子守唄の練習をしようと持ちかけ、二人が知っていた「ゆりかごの歌」をRちゃんと数人の子どもたちで歌ってみたというのだ。

ここ数日、四歳児クラスはザリガニを捕まえることに凝っていて、「ちょっとおもしろくしてみよう」というA先生の出来心とそれをいっしょうけんめい話すRちゃんに、B先生はつきあってみようと思ったようだ。

翌日、事務室でA先生が仕事をしていると、♪「ゆ〜りかご〜の〜う〜たを〜」の歌声が聞こえてきた。A先生が見に行くと、クラスのみんなで子守唄の練習をしていた。これからザリガニ釣りに行くということで、歌を歌う役、抜き足差し足でそーっと捕まえようとする役など、みんなで作戦を考えてもいた。A先生は笑いをこらえるのがたいへんだったという。

Rちゃんは歌うチームに混ざって歌っていた。B先生が、この話し合いの最中もテラスでチャンバラをしている数人の男子たちに声をかけているあいだ、〝しっかり者〟の女の子が二人、A先生のところにやってきて、「ちょっとA先生！　だいたいさー、子守唄なんか歌ってうまくいくわけないじゃん！」とJちゃん。「そーだよ。ザリガニが寝ちゃったらこうなっちゃう（とハサミを開くしぐさ）から釣れないじゃん！」とKちゃん（それでも、Jちゃんは家で「ゆりかごの歌」を熱唱していたとのこと）。

その後何度かザリガニ釣りに行き、ちっちゃなザリガニを持って帰って保育室の水槽で育てているという。

A先生が担任のB先生にどうして自分の子守唄のはなしに乗ってくれたのかを聞いたところ、あちこちのあそびに手を出すがすぐどこかに行ってしまうRちゃんの発信だったので、たまにはRちゃんにつき合ってみようと思ったということだった。A先生が子守唄の話をしたくなった気持ちと通じ合うことがわかって、A先生はうれしかったという。

うそっことほんとうの世界のあいだでほんとうに揺れる四歳児たち。しっかりした理屈も言えるけれど、でも気持ちのどこかではそうかなあとも思う等身大の子どもたちの姿をいとおしく、大事に思っている保育者たちがたしかにここにいる。

コロナのなかで必死に耐えてがんばっている日本じゅうの保育者たちに言いたい。あなたたちのおかげで、子どもたちはこんなふうにちゃんと育っています、ありがとう。

雪国の保育の完全装備

保育の研究集会で、北海道の保育園の園長先生がオンライン越しに、こんな報告をしてくれた。雪がたくさん積もる冬も保育園の子どもたちは外であそぶ。真っ白な雪に膝上まで埋まりながら、だれも踏んでいないところをかき分けて進む子どもたち。近くの公園を友だちと歩いたり、雪をかけあったりして笑っている写真もある。雪の山をそりで滑っている写真も。平らな雪の上で、一歳の子がそりに収まって、だれかが引っ張ってくれるのを待っているようすの写真もあった。また、タイヤのチューブの真ん中に座って雪の上をすべるあそびもよくする。最近は、このチューブを手に入れるのがけっこうたいへんだそうだ。

雪の園庭では、ちいさな小屋の潜っているような写真もあり、実は雪に埋まったすべり台のてっぺんのところだと説明があった。また、園のフェンスに子どもたちがつかまってあそんでいたが、雪が多いときはフェンスの高さまで雪が積もり、子どもたちがそこからフェンスを越えて、外へ出てしまったこともあるそうだ。関東で一年に一度雪が降るかどうか、積もっても数センチ、という地域に住む筆者には、この話は新鮮で、雪がたくさん積もるということはそういうことなのか、とあらためて理解した。

この園長先生の話は、子どもたちが雪あそびのために着るもの一式の説明に移っていった。昼間でも氷点下の寒さに対応するためには、とくに低年齢の子どもには上下がつながっているスノーウェアが欠かせない。ちいさい子には思いきり転がったりするときに、雪が服の中に入らないようにつなぎの服がいいのだそうだ。そして、手袋もすきまから雪が入らないように布を縫いつけ、ゴムを入れてカバーを作ってもらっているという。家庭でできていない場合は、園で作ったりもしているそうだ。靴にも脚絆《きゃはん》（こんなことば、ひさしぶりに聞いた）をつける。そして、耳をしっかり覆う帽子。これらの「完璧な装備」もカラフルな写真で見せていただいた。園内には乾燥室が作ってあり、そのカラフルなスノーウェアや小物がきっしりとぶら下がって干してあった。これを見て、筆者は何年も前に聞いた話を思い出した。冬の服はどれもカラフルだけれど、北海道では外に出ると、材質の違いですぐからだが冷えてしまう子とそうならない子が出る。子どものスノーウェアにお金がかけられるかどうかで、雪あそびにまで格差ができてしまうのだと。

園長先生は、このフル装備をつけるときも、一人ひとりにたいへんな手間と時間がかかるのだと言った。一歳や二歳の子どもたちとかかわったことのある人ならだれでも、これだけのものを子どもたちに装着するのがどれだけたいへんか想像できるのではないだろうか。しかも、おとな一人で六人の子どもを見なくてはいけない国基準の保育士しか配置されないなかでは、一人ひとりのいろいろな要求に応えつつ、クラス全員の装備をつけ終わるのにどれだけ時間と労力がかかるか、やっと全部着たとき、「うんちしたい」なんて言われたら、思わず脱力してしまいそうだ。玄関での毎日のこの格闘に、事務室組もお手伝い隊として参加しているという。そして、戻ってきたときもこれを全部脱ぐのと後始末に大きな労力が必要になる。「冬手当とかつけてもらいたいくらい」とその先生が言って、画面越しにもみんなの共感が伝わってきた。ほかの先生が、ふつうだってたいへんなのに、これはその五倍くらいたいへんと発言していた。

「あまりにたいへんだから、園によっては雪あそびはあまりやらないところもあるようだけれど、私たちは子どもにステキな体験をしてもらいたいからがんばっている、子どもたちは、楽しかった〜と汗びっしょりになって帰ってくる」との園長先生の報告に、ほんとうにお疲れさま、と思うと同時に、この配置基準をいますぐ変えてもらいたいと強く思った。総理大臣たちに、一日でいいから、この園の玄関で一歳児のフル装備と格闘してもらいたい。一人で六人に着せてみてほしい。

それでも保育園の毎日はドラマの宝庫

保育園はいま、保育士の人数の足りなさとそもそもの仕事量に無理があることなどでのたいへんさで注目されるいっぽう、保育園内の保育士による児童の虐待という問題でも注目されている。コロナの三年間、エッセンシャルワークを支える必要な場所として保育園の重要性は世の中に認識されたが、働く条件は少しもよくならないままコロナ対応にも追われ、緊張を強いられてきてのこの注目のされ方に、保育園の先生たちは疲れが増しているのではないだろうか。それでも今日も保育はつづいている。

そんななか、ちいさな勉強会でみんなが楽しくなる話を聞いた。年が明けて一月、その保育園は毎年、先生たちによる獅子舞が披露されてきた。無病息災を願って、お獅子に頭を嚙んでもらうこともおこなってきた。年齢のちいさい子はお獅子を怖がって大泣きになったりする。そのため、獅子舞を舞う先生が子どもたちの目の前で獅子頭を被って見せ、ほんとうはこのお獅子は先生なんだとアピールしているが、それでもやっぱり大泣きになり、抱っこしてもらう子が何人も出る。

一年前の獅子舞のとき、三歳児クラスのKくんも、大泣きした一人だった。ほら、先生だよ、とお獅子の頭を脱いで見せてもダメだったようだ。

ところが、その獅子舞のあと、Kくんは、よほど魅力を感じたのか自分のお獅子をつくりたいと言い出した。先生が手伝って、牛乳パックで、手を入れると口がパクパクするように制作し、Kくんお気に入りのちいさなお獅子が誕生した。Kくんはあの日見た獅子舞をよく覚えていて、ミカンを食べるまねをしたり寝転がったりするしぐさもまね、毎日毎日、獅子舞を一人でコツコツ練習していた。先生たちは、あんなに怖がって大泣きしたのにね、と言い合いながらもKくんの獅子舞につき合い、Kくんの獅子舞熱はいつまでつづくのだろう、と思っていた。春になっても夏になっても秋が来ても、Kくんの獅子舞熱はいっこうに下がらない。ちいさなお獅子は、風呂敷のような布をつけてますますそれらしくなっていった（後で、この保育園にお邪魔し見せていただいたが、牛乳パックの彼のお獅子は使い込まれて貫禄が出ていた）。そして、一月の獅子舞の日を楽しみにしていたという。

直前になって、Kくんは、自分もいっしょに獅子舞をやりたいと言い出した。先生たちは相談して、一日目はおとなだけでやり、二日目にKくんもいっしょに獅子舞を披露することにした。

一日目、先生二人がみんなの前で舞う獅子舞をKくんは目を輝かせて食い入るように見ていたという。二日目、園庭の真ん中にござを敷いて、二人の先生の真ん中に自分のお獅子をもったKくんが登場した。みんながKくんを見守り、子どもたちからの応援の声も聞かれる。お囃子《はやし》にのって、三頭のお獅子が園庭の真ん中で舞う。ござの上で寝転がったりも、みかんを食べるところもちゃんとやっている。そのたびに拍手喝采。そして、ちゃんと友だちや先生を噛んでまわった。終わったとき、大きな拍手のなかでKくんはなんともいえないすてきな表情でその輪のなかに立っていた。Kくんの一年間がこの瞬間に凝縮されているような特別な時間だった。

そして、一年もの間、この瞬間に思いを馳せ、自分のやりたい思いを毎日着実にふくらませてこの大舞台を自分のものにした子どもの存在に、私たちはおどろいた。筆者は、Kくんにも、そしてそれを止めるでもなく、引っ張るでもなく、一年間それとなくKくんを支え、Kくんの熱意に素直に敬服して、夢の舞台を提供したこの保育園のおとなたちにも脱帽する。きっと、この園では多くのKくんがそれぞれの夢の発掘に毎日いそしんでいるに違いない。

どんなにたいへんななかでも、子どもはそのときそのときをほんとうに生きることができれば、こんなにすばらしい力を発揮するのだ。その力はそこにいる全員の心をあたため、元気にしてくれる。子どもから離れずにいっしょに歩むことが、いまの保育園の困難を切り開く鍵なのだと思う。Kくん、ありがとう。

「保育園での虐待」ニュースの波紋

ある保育園の先生が、近くの園の先生に聞いたのだけど、と言って教えてくれた話である。

最近のこと、近隣の人が、お宅の保育士がいま幼い子を公園を出たところで蹴っていたのを見た、あれは虐待だ、と怒って知らせに来た。園長や主任の先生はおどろいて、ちょうど散歩から帰ってきた一歳児クラスの先生たちにあわてて事情を聞いた。聞かれた先生たちは初めよくわからなかったようだが、たしかに公園から帰ろうと両手を子どもとつないでいたとき、別の子が急に道路に飛び出しそうになったので、とっさに足でその子を止めたことが実際にあったとわかった。でも蹴ったわけではないので、本人も同僚もそう見られているとは思ってもみなかったらしい。ふだんの子どもたちや保育のようす、先生たちのことなどもふくめて虐待は決してしていないことを説明して帰ってもらったということだった。

二〇二二年一一月、静岡県裾野《すその》市というところの保育園で起こっていた園児の虐待がニュースにとつぜん出てきたのが、今回の報道のはじまりだったかと思う。だれもがその内容に衝撃を受けた。

はじめは名前が伏せられていたが、刑事事件として三人が逮捕され、テレビに映った三人の保育士の顔写真はどの人もさわやかな笑顔で、どこにもいるステキな保育士さんといった感じでショックを受けた。その後、さまざまなケースが報道されるにつれ、ほんとうはどんなことなのか、もっと事実を知りたいと思うことも増えている。

先日オンラインで、福岡の保育のつどい実行委員会の若い保育士さんたちと会う機会があった。一年目の先生に、いま悩んでいることは？　と聞いたら、一歳児が、着替えや靴を履くとき、先生にやってと言ってくるが、いつでもやってあげていると子どもの自立を損なうのではないかと迷っていると話してくれた。オンラインで集まっていたほかの園のベテランの先生が、その子の気持ちに応えていくことが大事なのでは、と言った。オンラインの画面越しにみんなが、できるのにやって、と言うなら、そこになにか甘えたいとか自分のほうを向いてほしいといった気持ちがあるのではないか、希望を叶《かな》えながらそこをていねいに見ていくことできっとその子の気持ちが見えてくる、などと口々に話した。子どものことを考えて悩む新人の先生と、相談に乗ろうとする先生たちがそこにいた。

若い先生の一人が、子どもが生まれて保育園に入れようとしている従妹がいるけれど、見に行ってもその園が大丈夫かどうかわからない、保育園にわが子を預けるのは怖いと言われて泣きそうになった、と話してくれた。さらに、自分のやっていることが虐待と言われることにはならないのか、境目はどこなのか、自分に自信がなくなる、と別の若い先生が言った。口には出さなくても、心配になっている保護者もいるのではないかと考えると、正直、まわりの目が気になるという。

このままでは日本じゅうの保育者が萎縮し、監視カメラにどう映るか、子どもにもしかしたら装着されているかもしれない音声録音装置にどんな言葉が記録されるか、近所の人の目にどう映るかばかり気にして子どもに集中できなくなり、子どもの命も育ちも守ることが危うくなってしまう。そして、子どもの命を預かるという重い責任があるのに、常に監視され、人手も足りないまま信用してもらえない低賃金の仕事を、だれがやりたいと思うだろう。

子どもも保護者もそして保育者も、みなが救われる道を緊急に考えなければならない。希望を抱いて保育者になり、先の新人先生のように、子どもにとってよりよい保育のために悩み、毎日がんばっている多くの先生たちを信じて託すことのできる関係をおとな同士がつくり出すしかないのだが、お互いを人として認めていくことなしにはそうした関係はつくれない。

いま保育園に通う保護者にお願いする。先生たちを励ましてほしい。信頼しあう関係のなかで、初めて、どう見られるかでなく、この子にとってなにが大切かを真っ直ぐに求め、子どもの人権を大事にしようとする保育は保障されるのではないだろうか。

〝「不適切保育」のニュース〟をどう考える？（その1）

二〇二二年一一月、静岡県裾野市の保育園で、園内での児童虐待の疑いで保育士が逮捕されるというニュースが報じられました。日本じゅうの保育関係者がびっくりした瞬間でした。報道だけでは、その保育園のようすや子どもたちの状況などがはっきりとはつかめないのでコメントできませんが、この報道によって保育園をめぐっていま起こっていることについて、ぜひ、みなさんといっしょに考えたいと思います。

「不適切な保育」ってそもそもなんなの？

保育現場ではこれまでほとんど使われていなかったドキッとすることば、どこからきているのでしょう？　調べてみると、二〇二一年三月に、厚生労働省から「不適切保育に関する対応についての調査研究」の結果が報告されたのがきっかけと言われています。これは、キャンサースキャンという会社が実際の調査などを請け負ってまとめたもので、「不適切保育」とはどういうものか、からはじまってこのことについての各地の取り組みの事例などもあり、起きてしまったらどうするか、未然に防ぐ対策のポイントまで書いてあります。二〇一七年に全国保育士会が出した「保育所・認定こども園等における人権擁護のためのセルフチェックリスト」では、同じことを【「よくない」と考えられるかかわり】と表現してあり、よくない、不適切、と決めつける表現をすることに少しの躊躇が感じられましたが、二〇二一年三月の厚労省のこの報告では、個別のかかわりではなく、保育そのものを「不適切」と表現しているところに、適切か不適切かを明確に判定しようとする姿勢がより強くなっているのを感じます。

この報告書では働き方を見直すこともポイントのひとつになっていて、市町村や都道府県のすべきことまで書いてあります。でも、そうしたことが起こりにくい環境整備を謳いながら、決定的に人手が足りない配置基準の見直しや平均賃金に近づけるための大幅な給与引きあげ、そのための予算確保についてはひと言も触れていないのが、この報告の大きな特徴のひとつでしょう。

そしていま、行政からは保育士のチェックリストなどをふくむ、保育士としてのあるべき姿を説く研修ばかりが保育園現場にかぶさってきているような実情です。これらを見ていると、コロナに対してこれだけ身を削ってがんばって子どもたちのことも保護者のことも支えてきた保育園の職員のみなさんが重たい気持ちになってしまいはしないかと心配になります。

保育園の先生たちの声は？

出会う先生たちに聞いてみると、初めはわが園とは関係ない話、と思っていたけれど、いろんなニュースが出てくるなかで、自分が毎日何気なくやっていることにも「不適切」なことがあるかもしれない、ありえないとは思うけれど究極の話、逮捕されることもあるのかもしれないと思ったら、とても不安になったという声が聞かれました。また、保護者の方はどんなふうに自分たちの保育を見ているのか、目が気になるという声も。そのなかで、うちの園にもこれほどひどくはないにしても、適切とはいえない保育があるように思われるけれど、簡単には口にできないといった発言もいくつもありました。

わたしたちの小さな研究会でこのことを話題にしたとき、ある中堅の先生が、たとえば保育のなかで振り回すようなだっこやおんぶをしていて、あ、これは不適切だなと気をつけるようになったと話してくれました。その先生は自分が踏み外しているところを修正するのにネットニュースや口コミが役に立っているとも話しています。

また、わが子が二歳のとき、保育園で「食べられなかったかき揚げをぶどうといっしょに食べさせたら食べてくれました。完食です」と連絡ノートに書かれていたことがあって、そのときエッと思ったと親の気持ちを話してくれた人もいました。聞いていた筆者も口の中でかき揚げとぶどうの味が混ざったらどんな味になるのだろう？　と想像して（想像しきれませんが）思わず顔をしかめてしまいました。

チェックリストの危ないところは？

二〇二一年の報告書、手引きのなかには、各市区町村がそれぞれ自己評価のためのチェックリスト、ガイドラインを作ることを推奨しています。具体例として載っている横浜市のガイドラインでは、全国保育士会のチェックリスト項目と、保育所保育指針の「幼児期の終わりまでに育ってほしい姿」（一〇項目ある）に沿って作成されています。

これらのチェックリストでは、ひとつのかかわり方の否定的な場面を取りあげて、このときの保育士と同じようなかかわり方をしたことがあるかないかをチェックするようになっています。たとえば、「なかなか寝付けずにいる子に『早く寝てよ。あなたが寝ないと仕事ができないんだよね』という。」という項目について「している」か「していない」かどちらかにチェックをいれるといったものです。全国保育士会のものだと二四個の項目があって、これだけ否定的な質問がつづくと、それだけでなんだか気持ちが沈んでいきます（これをチェックすることでの保育士の方たちのメンタルが心配になりました）。

そして、自分がこのリストに照らして○か×かと考えて一人で反省してしまうと、同時に職場の仲間のことも同じ目で○か×かと見てしまう危険があります。なんだかチェックリストに支配されてともに働く人たちのあいだも分断されてしまいそうな気がします。

では、どこを拠りどころに考えるか

注目したいのは、こうした話のどこにも、そのときかかわっていた子どもの姿が出てこないことです。子どもたちを振り回すような抱っこやおんぶをしていたという先生も、もしかしたら力の強そうなその先生の腕にぶらさがってぶらんぶらんしたい子どもたちの期待に応えてそうしていたのかもしれません。子どもたちがやってほしくて目を輝かせて飛びついてくるなかでやっているのか、子どもはまったく望んでいないのに振り回すように抱っこをしているのか、同じように見える行為も意味はまったく異なります。

また、かき揚げとぶどうをいっしょに食べたという話も、子どもたちがやってみたくて好奇心から混ぜて食べてみたということなら、おいしくなくても子どもたちはいい顔をしていると思うのです。食べた子に、「どう？ おいしい？ どんな味？」と聞いてみたいですね。でも、子どもの気持ち、意思とは無関係にきらいなものと好きなものをおとなが勝手に混ぜて食べさせようとすることは、それこそ子どもは大迷惑で、「不適切」かもしれません。

子どもの思いを見つけていくことを抜きにして、チェックリストで簡単に反省するわけにはいかないのです。子どもの気持ちに気づいていなかった自分をふり返ったり、そのとき子どもの思いがわかったと思えたりする、という気づき方ができるためには、そのときの子どものようすを思い起こさなくてはなりません。これは、チェックリストやネットニュースではできないことなのです。一人では思い出せなくても、そのときいっしょに保育していた人に手伝ってもらえばいっしょに子どもの気持ちを考えることができるかもしれません。いっしょに保育している人たちの共同でのふり返りが必要なのです。子どもの気持ちがわかってきたとき、自然にかかわりは変化し、きっと子どもはわかりあえた安心とうれしさをおとなたちに見せてくれるし、おとなたちにもわかりあえたよろこびが広がると思います。これこそ「適切な」保育ということでしょうか。

次回、さらにいっしょに考えていきましょう。

（保育実践研究会通信　第1号）

〝「不適切保育」のニュース〟をどう考える？（その2）

やはり「不適切保育」ということばへの違和感

一一月から半年のあいだに、保育をめぐる「不適切保育」ということばは世の中に広く知れ渡り、ふつうに聞かれることばになりました。

そして、保育園の先生たちからは、とくに散歩のときなど、近所の方たちのなかに、「不適切保育」はないかと探すようなまなざしを感じるという声がたくさん寄せられています。現実に、散歩先でのようすに「不適切保育」があったと園に連絡してきたり、散歩のクラスがまだ帰ってきていないうちに近所の方が園に苦情を言いに来てびっくりしたといった例もありました。

このことばで、保育という子どもたちとおとなたちの保育園での毎日の営みをひとくくりにして○×をつけてしまうような発想が保護者にも保育者自身にもいつのまにか浸透してしまいそうに感じて怖いと思います。

「不適切」な保育はないと事実をなかったことにしたいと言っているのではありません。できたらこの言葉を使わないで、「あのとき、○○ちゃんの気持ちに気がつかなくてこんなかかわりをしちゃったな」と具体的に、子どもの姿を通して、子どもの姿から離れずにふり返る、といったことが必要だと言いたいのです。なぜなら、具体的に子どものことを思い浮かべながらみんなで考えることで、その子のことや、その場面についてみんなで理解することができるチャンスになり、自分のかかわりや自分の子どもを見る目を深める学びになるからです。○×では、よくなかった、と「反省」はしても、どうしてそう言えるのか、そのときの子どもにとってなにがどうよくなかったのかなど、そのことを通じて、そこから子ども理解もすすまないし、保育を深めることはできませんよね。

このことに対して国から出された文書

二〇二三年五月一二日にこども家庭庁と文科省との共同で出された文書のなかに「虐待等の未然防止に向けた保育現場の負担軽減と巡回支援の強化について」というものがあり

ます。これは同じ日付で出されている「昨年来の保育所等における不適切事案を踏まえた今後の対策について」という文書のなかで、ガイドライン策定や児童福祉法改正による制度的対応の検討と並んで、虐待等が起きる背景として、保育現場に余裕がないといった指摘に対して、負担軽減に資するように別の文書で示しているから見てくださいと言っている文書です。

まずおどろいたのは、「負担軽減に資する取組のうち、財政負担を伴わず、運用の見直しや工夫により比較的迅速に改善が考えられる事項としては、以下の内容等が考えられる」ので、都道府県、市区町村が保育所等におこなう助言・指導にあたって参考にしてほしいと最初に書いてあることです。ということは、もっとも負担の要因になっている、人が足りないという問題はここでは触れないということです。

そして、指導計画の作成が細かすぎるからおおまかなものにする（と読める文章）、園児の記録を簡素化する、ICT化も有効活用する、働き方の見直し、業務内容の改善として「本当に必要な業務を精選し、会議を短時間で効果的なものとする工夫」、行事の準備を簡素化することなどが、負担軽減のための提案です。また、保育実践の改善のためにアドバイザーの巡回を活用することを勧めています。

同時に出されたガイドラインでは、保育所保育指針解説にある「子どもの人権に配慮した保育となっているか、常に全職員で確認することが必要である」ということばを引用して日々の保育実践の振り返りをおこなうことを提起していますが、負担軽減の提案と矛盾してしまっています。それとも、「本当に必要な業務を精選し」たら、その必要な業務のなかに子どもの姿と保育実践の話し合いが入っているというのでしょうか。そうすると、こんどは「会議を短時間」にすることと矛盾してしまうのです。子どもの姿や実践を共有するには、どうしても一定の時間の話し合いが欠かせないからです。

ほんとうは、子どもの姿、保育の実践をいっぱい話し合い、学ぶことでしか職員が保育を共有し、確かめる道はないのに、その話し合いができない現状を変えて、せめてもう少しみんなが話し合いやすい環境を作るためになにができるかという視点をあえて封印し、目の前の子どもと保育についてまじめに考えることに使う時間（保育の計画、具体的準備、ふり返りの会議など）をあたかも保育者たちが現在時間の無駄使いをしているかのような言い方は、納得できません。

そして、この、お金がかからない「負担軽減」についての「事務連絡」がこれから全国の保育園にもれなく指導されていくことで、保育のあいだを縫ってなんとか時間を作って話をして子どもや保育の姿を共有しようとがんばっている保育園の先生たちが、それさえもやりにくくなることが心配です。

いまや、子どもの姿を出し合って子どもの思いを発見し共有する話し合い自体が、自覚してがんばらないと獲得できないものになっているということでしょうか。そうした話し合いの時間や体制をつくることは、保育者にとって、子どもを守り育てるための大切な権利なのだとつくづく思うのです。

でも、このことが報道されるようになって改善もあったという声について

今回、「不適切保育」がクローズアップされて、これまで強い言い方で子どもを叱っていた先生の言い方がやさしくなったとか、同僚のかかわり方について、こんなことも言われているからとチェックリストなどを利用して話題にしやすくなったという声も聞かれます。

でも、よく考えてみると、これまでにも述べたように、保育をふり返るときには、そこでかかわっている子どもの姿を通して、子どもの気持ちに気づくといった学びが大事です。外から見て子どもとかかわる自分をよくないと指摘されるかもしれないという心配から行動を変えたのでは、目の前の子ども理解はすすんでいないため、その人の保育を変えることはできていないのではないかと思うのです。

また、それらの声には、日ごろから同僚のかかわりについて子どもによくないのではないかと思っていても言い出せなかった職場の現実が数多くあるということが推測できます。保育園の職場はいまどうなっているのでしょう。

なんといっても保育する人が足りない

なぜ、このようなかかわりが改善できないのか、ひとつはなんといっても保育園での働き方が過酷だからでしょう。最近、ある園長先生が、一歳児二〇人だと六対一で考えたとき、四人はおとなが必要、とだれもが考えるけれど、国の基準通りでいくと、三・三三人にしかならない。この小数点以下の数が他のクラスの端数とあわさってやっと一人になるので、一日じゅうそのクラスに四人を配置できず、その足りなくなった時間帯に主任や園長が駆けずりまわって穴埋めをするしかない、といった現状で、職員から不満がでているけれど応えられないと涙をためて訴えていました。人間は半分にしたりはもちろんできないのです。

保育園が意見が言いにくい職場になっている

でも、それだけでは説明できないと思われる方も多いと思います。

日本の保育園は、一九四五年の敗戦直後から、子どももおとなも生きていくためにどうしても必要なものとして誕生していきます。共同保育として保育者と保護者がいっしょになって資金も鍋や釜、布団も持ち寄り、大勢の力を合わせて運営し、子どもにとってもおとなにとっても大切なものをその都度考え、議論し、実践して、みんなで子どもを育ててきた歴史をもっています。そして、全国の保育者たちは、公立でも私立でも無認可でも、目の前の子どもたちの毎日をもっと充実したものにしたい、命も育ちも守りたいという思いで一致し、保育の工夫をたくさん生み出し、保育実践を積み重ねていまの保育を一歩一歩作ってきたのです。

それは、保育園職場が、子どものことで率直に話をすること、保護者とも子どものことを共有することで培ってきたものでした。ぶつかり合いがあっても子どものことをお互いに考えているという根っこのところの信頼が、最終的にはわかり合おうとするエネルギーになってがんばることができたのだと思います。

いま、そのことを貫くことが保育園の職場でむずかしくなっているのが現実かもしれません。どのように困難になってきているのか、それはなぜか、についてはさらに学んでいかなくてはならない課題だと思っています。でも、「幼児期のおわりまでに育ってほしい姿」（いわゆる「10の姿」）に見られるように、期限を切ってすべての子どもの成長を促すような保育が求められることで、保育現場が本来の一人ひとりの育つテンポや姿の多様なあり方を見失い、どの子もそこに到達しなくては、という焦りから叱ることが多くなることも、かかわりの「不適切さ」を生んでいる原因のひとつと考えられます。

それでも

それでも、保育園には毎日子どもたちが通ってきます。子どもたちは、その瞬間を精いっぱい生きていて、保育園でも家庭でもおとなたちを無条件に信頼しているし、信頼しようとしています。楽しいとき、うれしいとき、子どもは全身で惜しみなくまわりじゅうにそれを発信しています。そのことをいつも見つめて、それに応えようという保育をすすめていけば、職員同士も保護者ともわかりあえるヒントは必ず見つかります。職場の民主主義はそのようなかで生まれ、育っていくと思うのです。ある若手の先生が、イライラするときって子どもの気持ちがわからなくなっているときだと言っていました。そんなとき、同僚の先生が、今日、その子は友だちとケンカしたけれど、納得した終わり方してないのかもしれない、とか、おうちでこんなことがあったみたい、とかちょっと話してくれると、その子の思いが少しわかり、気持ちが収まったりする、だから、イライラを爆発させないためには、おとなたちの伝え合いが大事だとすごく思ったと言います。

人を育てるためにみんなが力を合わせる貴重な場である保育園が、いままでもそうだったように、いま、そこにいる先生たちと保護者たちとで目の前の子どもたちを大事にしていこう、とまっすぐに思うことが大切です。それが「不適切保育」の問題で揺さぶられない唯一の道のように思えてなりません。

（保育実践研究会通信　第2号）

おわりに

おとなたちのあたふたも、新型コロナの猛威も、すべてを吹き飛ばすのは子どもたちの弾ける笑顔、なんの遠慮もない大きな泣き声、あそびに夢中な真剣な表情、楽しくてたまらないという笑い声、安心しきって身も心も委ねてくる子どものからだのぬくもりと重み……。

この三年間ほど、子どもの存在に助けられたことはなかったかもしれません。子どものこうした姿は、私たちに平和とはなにか、平和を守るということは子どもたちのこの日々を守ることなのだとしみじみと教えてくれています。

現状に対してなにか言わなくてはいられない思いにかられて、保育実践研究会の事務局の六人で話し合い、自分たちで通信を作って、知っている方たちにお渡ししました。とにかく読んでいただきたかったからです。

それを読んで、本に加えることを勧めてくださったのは、前回『うしろすがたが教えてくれた』をいっしょに作ってくださったかもがわ出版の天野みかさんです。今回、出版に少し腰が引けていた筆者を励ましてくださいました。本書は天野さんのおかげで世に出ることができました。心から感謝しています。そして、いま、この時期に本書の出版を決めてくださったかもがわ出版にもお礼を申し上げます。

この三年間、コロナでなかなか入れない保育園に迎え入れてくださった保育園の方たち、オンラインになった研究会も含めて、たくさんの子どもの姿、保育の悩み、心あたたまる話を聞かせてくださった保育者のみなさん、とくに「さんこうほれん」（自主的な保育の学習・運動サークル）の仲間の保育士さんたち、そして、保育実践研究会を作って保育にとって大切なことをまっすぐに追求しようと熱心に学び、行動する五人の事務局の仲間にはほんとうに助けられました。みなさんのおかげで、年齢を重ねても保育実践から離れることなく、思い出としてではない、いまの子どもたち、いまの保育者たち、いまの保護者たちに学び続けることができました。

本を作るにあたって、イラストをお引き受けくださり、こまかい注文にもくり返し快く応えてくださった田之上尚子さんにもお礼申し上げます。おかげでなにか子どもたちの持っているちいさい明かりのようなものが本のなかに灯ったように思えます。

新型コロナを克服したわけではありませんし、保育への予算がしっかりついたわけでもありません。でも、どんなときも、子どもといっしょに、なにがよいのか、その答えを求め続けていけば、思ってもみないところから、自分たちに納得のいく答えが見つかるかもしれません。そうした日々を大事に、みんなで元気でいたいと思います。

二〇二三年六月

清水玲子

清水玲子（しみず れいこ）
1947年埼玉県生まれ。元東洋大学ライフデザイン学部教授、元帝京大学教授。乳児保育、保育原理などを担当。保育実践研究会代表・さんこうほれんメンバー。
著書：『保育園の園内研修』（筒井書房）、『育つ風景』（かもがわ出版）、『徹底して子どもの側に立つ保育』（ひとなる書房）、『保育における人間関係発達論』（共著・ひとなる書房）、『いい保育をつくるおとな同士の関係』（共著・ちいさいなかま社）、『育ちあう風景』（ひとなる書房）、『うしろすがたが教えてくれた』（かもがわ出版）ほか。

ある晴れた日の園庭で
——続・うしろすがたが教えてくれた

2023年8月10日　初版第1刷発行

著　者　清水玲子

発行者　竹村正治
発行所　株式会社 かもがわ出版
〒602-8119　京都市上京区堀川通出水西入
TEL 075-432-2868　FAX 075-432-2869
振替　01010-5-12436
http://www.kamogawa.co.jp
印刷所　シナノ書籍印刷株式会社

ISBN978-4-7803-1288-1　C0037　Printed in Japan